JN038025

逆境に克つ力

親ガチャを乗り越える哲学

宮口幸治
Miyaguchi Koji

神島裕子
Kamishima Yuko

小学館新書

はじめに

親ガチャという言葉についてはご存じの方は多いかと思います。言葉の意味からすると、親ガチャにはアタリもハズレもありますが、おそらくアタリについては問題視されないと思いますので、概して親ガチャとはハズレのことを指すと言えるでしょう。そう考えますと、親ガチャは決して楽しいものではなく、その内容によって子どもの生活環境や人生の見通しが大きく左右されてしまうという、ある意味残酷なものです。その残酷さについて述べられることは多い一方、ではどうしたら、そんな親ガチャを乗り越えることができるのか、これについて述べている本はほとんどないのではないでしょうか。

そこで、自分は親ガチャにハズれたと思っている人たちにとって、なんとか親ガチャを乗り越える方法がないか、少しでもヒントになることがないかと考える中で、哲学の考え方が応用できないかと思い立ったのが本書制作のきっかけとなりました。

哲学と聞くと難しい内容を想像される方がほとんどだと思います。またいったい哲学をどう参考にしていけばよいかもなかなか想像しにくいかと思います。そこで、本書では最初に、親ガチャでなくなる状態を目指すことを、「幸福」を手に入れることと想定しました。そしてさらに「幸福」を「ぶどう」と置き換えました。「ぶどう」はイソップの寓話の「狐と葡《ぶ》萄《どう》」から取ったものです。このような「ぶどう」は程度の差はあれ、誰にでもあると思います。しかしもしそのような採れない「ぶどう」が親ガチャによるものであれば、それはとても残念なことですし、それを本人のせいにするというのも酷です。決して残念のまま終わらせてはいけないことでしょう。でも場合によっては、何かしらの「支え」を得ることで「ぶどう」を手に入れることはできるはずだと考えます。その何かしらの「支え」が本書で紹介する哲学の考え方を応用することなのです。もちろん概念的な内容だけではピンときません。併せて今日から使える具体的な方法も紹介しています。

本書の流れは次の通りです。まず全体像をつかむ意味で、第1章は対談形式で、第2章から第5章の内容をハイライト的にご紹介しています。対談では、SNSを含めた親ガチャの最近の流れ、貧困との関係、学歴差、嫉妬心、正義感、メタ認知、身につけるべき力などを絡めながら、親ガチャの世界をどう生きていくべきかを考えていきます。第2章では、親ガチャとはどういう状態なのかについて、小学生から大人までの8名のケースを取り上げながら解説していきます。親ガチャといっても極端に不幸なケースばかりではありません。ですので自分が親ガチャに相当しているかどうか分からなかったり気づいていなかったりする方々もおられるはずです。親ガチャなんて自分には関係ない、むしろ自分はアタリガチャだと思っていても、ひょっとしてハズレに相当しているのかもしれません。これらの8名のケースを通して、どういうケースがハズレガチャに相当するのかを解説していきます。第3章では、親ガチャを乗り越えるための基本的な考え方について説明しています。そして親ガチャへの恨みに縛られないこと、「幸福」を「ぶどう」にたとえて、どうやってその「ぶどう」を手に入れるかについて、嫉妬心からの自由、「ぶどう」をあきらめないことなどにも言及しながら考察していきます。なお、ここでは哲学者の考え方だけでなく、映画や最近の話題なども織り交ぜながら身近に感じられるよう進めていきます。

第4章では、本書のキーワードとして「ケイパビリティ」という概念を用いながら、平等の概念や平等を実現するために必要な考え方を紹介していきます。「ケイパビリティ」とは潜在能力と訳されます。本書ではいかに「ケイパビリティ」を高めていくかが主テーマとなります。ここでは、アリストテレス、マルクス、ロールズ、セン、ヌスバウムといった哲学者などの理論を用いながらその考え方を紹介していきます。第5章では、具体的に「ぶどう」を得るための方法について、想像力を鍛える方法、人生を切り開くコツ、社会で生きていくための知恵や知識などを紹介しています。特に想像力を鍛える方法として、物語を活用する方法を紹介しています。物語といっても小説、マンガ、映画、ドラマ、絵画、音楽、彫刻、スポーツ観戦など、多くを含んだ概念です。この方法を使えば、きっとみなさんも自分に合った方法を見つけられると思います。

以上、本書の概要をご説明しました。本文中で補足が必要な箇所は巻末でも説明していますす。本書が親ガチャで悩んだり苦しんだりしている方や、納得がいかないと考えておられる方、もちろんそれ以外の方でも、自分の潜在能力を高めてみたいと思われる方々にとって、少しでもお役に立てればと思います。

著者を代表して　立命館大学

宮口幸治

逆境に克つ力　親ガチャを乗り越える哲学

目次

第1章

対談　宮口幸治×神島裕子

「親ガチャを乗り越えられる人と潰される人はどこが違うのか」

格差社会で生きづらさを感じる若者たち

神島　ここ最近、「親ガチャ」という言葉が注目されるようになりました。親を選べない、生まれた家庭で大なり小なり将来が決まってくるということはずっと昔からあったけれども、なぜ今かと言うと、インターネットやSNSの影響が大きいように思います。自分の立ち位置が分かりやすくなり、その源流を親に見出しやすくなったということでしょうか。

宮口　インターネットやSNSなどを通して、情報がすごく得やすいというのが今の社会状況です。情報があふれているため、人と比べる機会がとても増えていますよね。

神島　私たちが子どもの頃には、身近にいない人の生活に触れる機会は今よりずっと限られていました。もちろん、テレビや新聞などはありましたし、親戚や近所の人や学校の先生の話から垣間見える世界もありました。でも、他の人たちがこんな家に住んでいるとか、こんなものを食べているとか、詳しくは知ることができなかった。逆に、いろいろな情報が入ってこない分、楽だったのかもしれないですね。

宮口　情報によって自分の立ち位置が分かってしまうところが、一番つらいところですね。

自分自身も他者と比較してしまうし、比較されるしということです。それを受け入れるかどうかにかかわらず、それが現代です。

神島　生きづらいですよね。

宮口　SNSなどで、格差がはっきりしてきて、他人と自分の差により敏感になって、「ああ、自分ってそうだったのか」と気づき始めた……。最近、そのような傾向が特に顕著になってきました。そして、コロナ禍でさらに格差が広がりました。

神島　私が初めて「親ガチャ」という言葉を知ったとき、なるほど言い得て妙だなと思うとともに、親を選べないことの帰結について語ることが、ようやくタブーではなくなったのだなと、隔世の感がありました。昔もありましたよね。例えば小学校で、家でちゃんと面倒を見てもらっていなそうな子がいたり、中学校や高校で、成績がよいのに家庭の事情で進学しなかった子がいたり……。違う家庭に生まれていたら、違った人生になっていたかもしれないなと思うようなケースはよくありました。ただ、自分の親について批判したり否定したりすることは、どこか抵抗を感じる面があったと思うのです。でも実際には、例えば、子どもを虐待する家庭に生まれた子どもであれば、学校に行けなくなることもありますし、命を失うことだってあります。一方で、親が特定の職業に就いて安定した生活をしていれば、それをロールモデルにして、「そういうふうに生きていけばいいんだ」と具体的な目標を立てることもできるわけです。そういう意味でも、親ガチャの影響は無視できないと思います。「親ガチャ」という言葉は、生まれや格差が生きにくさの大きな原因になっているということをようやく公然と言える世の中になってきたことを表しているのかもしれませんね。

宮口　そうですね。生きにくいといえば、日本の若年層は、世界に比べて自殺が多いという深刻な状況があります。厚生労働省によると、日本の10～39歳の死因の1位は自殺です。国際的にも15～34歳の死因の1位が自殺なのは、G7の中で日本だけなのです。

神島　「子どもは親の所有物」という意識が強い日本社会では、家庭内の問題は家庭内で解決すべきという規範が根強いです。学校も、一つの家庭みたいなもので、市民社会の常識が通用しないところがあります。子どもには逃げ場がないのだと思います。抑圧の構造は職場にもあることが多いですが、子どもや若年層にとっては、特にしんどいですよね。

他方で、リアルな他者に無関心な人が増えてきているように思います。孤立する人が増えて、それが犯罪につながることもあります。例えば、２０１０年に発生し、『子宮に沈める』というタイトルで映画化もされた「大阪二児置き去り死事件」がその例です。犯人となった母親については、いろいろな意見があると思いますが、22歳という若さで幼い二児を抱え、住む場所もなく、養育費もない状態で、誰にも頼れず、夜の世界で働き始めたのですよね。子どもを養うためにがんばったのに、結局、置き去り死させてしまった。親子が住むマンションでは子どもたちの泣き声が聞こえていたそうで、虐待を疑う通報があり、児童相談所も動いたそうですが、うまく行かなかった。みんながもう少しこの家族のことを気にかけてくれていたら、違った結果になっていたかもしれません。

格差があるだけでなく、格差社会の底辺でもがく人たちへの関心や支援が少ないことが今の社会の問題点だと思います。

哲学から考える貧困

宮口　大阪の事件もそうですが、親ガチャというと、まず思い浮かべるのが貧困です。「貧困」というと経済的に困っているというイメージがありますね。

神島　そうですね。そういった経済的な貧困も「ハズレガチャ」に当たると思いますが、哲学的にはお金に困っているという状態だけが貧困ではなく、「自分の可能性を追求するための力が乏しいこと」も貧困と捉えています。

宮口　では、お金にはまったく困らない裕福な状況でも、貧困に当たることがあるということでしょうか。

神島　はい、その通りです。いくらお金があっても、自由に移動できなかったり学校に行けなかったりするとすれば、それは貧困です。自由を奪われていて、普通ならできたりなれたりすることが、できなかったりなれなかったりする状態が貧困に当たります。

宮口　なるほど。それは、新しい見方ですね。

神島　はい。比較的新しい考え方だと思います。1998年にノーベル経済学賞を受賞したアマルティア・セン(※1)という経済学者は、「ケイパビリティ・アプローチ」という考え方を提唱しています。「ケイパビリティ」は潜在能力や潜勢能力と訳されることもありますが、「何かをしたり何かになったりするための実質的な自由」と捉えることもできます。

宮口　貧困というのは、そのケイパビリティが奪われている状況ということですね。

神島　そうです。センは貧困を「ケイパビリティの剥奪」とも呼んでいます。社会において、みんなが普通にしたりなったりするものがありますが、そうすることができない人たちは基本的なケイパビリティが剥奪されている、つまり貧困状態にあると考えるのです。そうなると、かつての赤貧のような絶対的貧困のイメージからはずいぶん離れてしまうので、違和感をもつ人もいるかもしれませんが……。

宮口　ケイパビリティが剥奪されているのを貧困とするならば、社会情勢や社会的なこと、政治的なことなどでも制限されてしまっている人はたくさんいるでしょう。また、子どもへの虐待や居住地域なども、ケイパビリティに関係しますよね。

神島　はい、関係します。身体的虐待、心理的虐待、教育虐待など、虐待を受けている環境というのは、恐怖心を抱かずに成長できるといったケイパビリティが剝奪されている状態です。環境汚染が深刻な地域では、健康で長生きするケイパビリティが剝奪されますね。他にもケイパビリティが剝奪される場合はあります。例えば、私たちの職場の学生は経済的に恵まれているほうかもしれませんが、ケイパビリティの面で捉えると、必ずしも恵まれているとは言えません。コロナ禍一つとっても、彼らは、本来であれば普通にできたことやなれたことをたくさん奪われています。

また、特定の集団のケイパビリティが特定の形で剝奪される場合もあります。例えば、女子だから大学へ行かなくていいとか、理系に進まないほうがいいというのも、特定のジェンダーの子どものケイパビリティを剝奪することになると言えます。

格差を生む学歴差別

神島　親ガチャという言葉こそ使っていませんが、生まれの偶然性がもたらす格差をなんとかしようとした哲学者に、ジョン・ロールズ(※2)がいます。例えば『正義論』という本の中で、「生まれつき恵まれた立場におかれた人々は誰であれ、運悪く力負けした人々の状況を改善するという条件に基づいてのみ、自分たちの幸運から利益を得ることが許される」と述べています。才能・能力・財産・家族・社会情況など、社会生活のスタート地点を大きく規定する事柄は、自分ではどうしようもありません。そういった事柄によって将来の見通しが違ってきて、恵まれた人生を送れるかどうかが決まってしまうのは、不正義であると。ですから、親ガチャを是正する考え方としてロールズの正義論を捉えることもできると思います。ロールズの正義論は、社会生活のスタート地点がなんであれ、すべての人が社会的最低限の暮らしができて、自分のライフプランを追求することができるように、社会の仕組みを整えることを提唱しています。そのような社会を実現することで、すべての人が親ガチャを乗り越え、自分の夢や目標の実現を目指して生きていけると考えたのですね。

宮口　既に哲学的にその辺の答えまで、道筋が見えているんですね。ただ、格差をなくすには、富を平均化すればよいのでしょうが、お金に限らず、様々な分野で能力の高い人たちは、自分が享受している利益を手放してまで他人に分けようとはしないと思うんですよ。その一番は学歴です。

そこそこいい大学に入って、自分は努力した。努力したから、それに見合う富や権利を得るのは当然だと考える人は多いでしょう。経済的な格差もありますけど、例えば大学に行かなかった人たちに対する学歴差別というのは根深く残っていますよね。少しでも高い学歴を身につけたいという意識の一方で、様々な環境で学歴を付けられなかった人たちに対し、平等に扱えないということです。

神島　就職のときに大卒限定という職場もあると思いますし、あとは、婚活市場でも学歴を見られていますよね。

宮口　学歴を重視する考え方は、世の中に根を張り、そこは崩せないようなところもあります。そして、学歴社会は、教育虐待につながっていきます。

神島　そうですね。2022年1月、大学入学共通テストの初日に東京大学前で、刺傷事件がありました。愛知県の高2の子ですよね。事件の詳細は分かりませんけれども、親はよかれと思って、子どもに高学歴を付けさせようとすることがあります。

宮口　親だけではなく、学校の先生がプレッシャーを与えることも教育虐待になると思います。その事件を見てそう思いました。

神島　東大じゃないとダメ、という空気があるなかで大学進学を目指すのは、しんどいですよね。

宮口　そういうのも教育虐待に入ると思います。親以外にも学校の先生や学校の環境、周りの人たちによるプレッシャーもあります。例えば、周りの人が医学部ばかりを受けるような学校だったら、医者になることを望んでいない子やその能力のない子にとっては、そういう環境に置かれること自体がもう、環境から虐待を受けているような感じでしょう。

　自分の考えを、医学部でなくてもよい、もう少しレベルの低いところでもよいと変えることができたら、逃げることができるのです。

神島　逃げられる子と逃げられない子がいるというのも、ケイパビリティに関係しているかもしれません。

宮口　周りから言われても、自分で意識を変えて、自分はこれで行くと思える、そういう強さが必要になります。

神島　そうですね。ただ、子どものうちからそのような強さをもつのは、自然には難しそうです。親への愛着や依存とか、周りの期待に応えたいという思いとか、ありますよね。自分はいつかは親や周りから独立してゆく存在で、自分の人生を歩むことになるんだ、と思うことができればよいのですが。

今を取るか、未来を見据えて行動するか

宮口　教育虐待の家庭がある一方で、少年院の少年の中には、例えば、生まれた時点で犯罪者の子どもというケースもあります。本人が非行をする以前の問題が既にあります。少年の生活歴が記載されている少年簿というものがあるのですが、それを見ると、いわゆる普通の家庭はあまりありません。ＤＶや貧困など、家庭環境の問題が多く見られました。スタート時点から不利な状態です。

神島　その少年たちは、親ガチャで言うと、まさにハズレガチャと言えそうですね。教育を受ける機会も、かなり限られているのでしょうか。

宮口　少年院の少年たちは最終学歴が中学ということも少なくありません。本人たちが高校には行かないことを選ぶのは自由なのですが、一方で「高校には行かないの？」と聞いてみても、本人は「すぐ働いて稼ぎたい」と。「将来、中卒で働いた場合の給料はこうなっていくけど、高卒だったら、最初は同じだけど、どんどん上がって追い抜くよ」と言っても、「僕

は今儲けたいから」と言って、高校へは行かない選択をします。その時点で、ケイパビリティから見ると教育を受ける機会を自ら限定しているのではないでしょうか。

神島　戦後の右肩上がりの経済成長の時代だったら、中卒でもある程度安定した老後を迎えられたかもしれませんが、今は難しそうですね。

宮口　そういうところで、結果的に自ら貧困を選んでしまっているかもしれません。客観的に見ると、これは貧困に結びつくかもしれないと分かっていても、本人がそれ以外のものを選択しないんですよね。今の利益を取るか、未来を見据えて行動するかというところで、今だけに生きているという感じなんです。

神島　刹那的なんですね。

宮口　そうです。そこを乗り越えるにはどうするかというところも必要になってきます。これは本人の考え方で、本人の選択に関わるところですので、こういうところの思考の仕方を変えることができるようにするとよいですよね。

神島　ロールズの正義論にも出てくるのですが、合理的ではない人は「時間選好」(※3)に依拠してしまい、将来手に入るものよりも現在手に入るものを好んで選んでしまうそうなのです。

ロングスパンで考えることができれば、自分がどういう人生を送りたくてそのためにはどうすればよいのかについて今は分からなくても、とりあえず高校に行っておこうかと思ってくれそうですが……。先を見通す力が大事なのかもしれませんが、まずは自分の「好き」を見つけて、そのために生きる気力のようなものを鍛えるとよいのでしょうか。

最初からあきらめてしまうという心理

宮口　こうなりたいという夢はみんなあると思います。それはそれで一つ認めた上で、でも、そうならない、なれない現実がある。そうしたら、あとは自分を変えていく、自分の考えを変えていくしかない、それも適応するための一つの方法だと思います。

神島　与えられた環境の影響力は大きいです。だから、環境に適応していく。『イソップ寓話』に「狐と葡萄」の話があります。キツネは葡萄を採りたいけれど、葡萄が高いところにあって手に入らないので、「この葡萄は酸っぱいのでいらない」と負け惜しみを言ったという話です。

宮口　これは心理学でいう「認知的不協和」と言われるものに近いでしょうね。「認知的不協和」とは、自分の考え方と事実との間に矛盾が生じると、不快感などが生まれることです。そうなったときは、自らの考え方を変えるか、事実の解釈を変えて、その矛盾を少しでも解消しようとするのです。キツネはその葡萄を「酸っぱいに違いない」と解釈して、認知的不協和を解消しようとしました。今、ハズレガチャは、甘い葡萄を採れない状況ですね。

神島　そうです、葡萄が採れない状況です。

宮口　採れる人は採れるけど、採れない人は採れません。採れない人は、初めからあきらめてしまったりするんですね。「狐と葡萄」でのキツネの感情は、ある種の妬みでしょうか。

神島　妬みと言えるかもしれません。直接に妬んでいる相手はいないのですが、キツネは甘くておいしい葡萄を食べているだろう他のキツネを妬んでいるかもしれないし、甘くておいしい葡萄を食べることができたはずの自分を妬んでいるかもしれない。

哲学では、このキツネの行動を「適応的選好形成」と呼んでいます。つらい状況をやり過ごすために自分の好き嫌い（選好）をその状況に適応させるので、現状肯定につながるということで、貧困やＤＶが問題の場合には注意が必要とされています。

宮口　哲学を上手に活用して、もう少しポジティブな思考に変える方法があるでしょうか。

神島　イソップ寓話でのキツネは、葡萄をあきらめました。あきらめることも選択肢の一つですが、キツネは思い切って、手に入る葡萄を探す旅に出ることもできたのではないでしょうか。これは決して身の丈にあった葡萄を探せということではなく、旅に出ている間に背が伸びるかもしれないし、踏み台を使うなどの知恵がつくかもしれないのです。
　哲学の考え方で言えば、周りに流されずに自分の「好き」を大切にする思想に、ヒントがあるかもしれません。例えばニーチェ(※4)は、人が自己肯定感をもって、ネガティブな嫉妬心に捉われずに生きることを推奨しています。ネガティブな嫉妬心に捉われると、悪循環して、自分も悪い方向に引きずられてしまいます。それをすっぱり切って生きる。それがニーチェ的な考え方です。

宮口　自分は自分だし、人は人。自分の中で磨いていこうという思想ですね。

心身を蝕《むしば》み成長を止める「悪い嫉妬心」

宮口　他人がよい思いをすると、嫉妬心が生まれることがあります。嫉妬というのは格差を乗り越える障害になるのでしょうか。

神島　そうですね。嫉妬をすると、その対象のほうにばかり気を取られて、自分のことがおざなりになってしまいます。自分を向上させる代わりに、相手の存在が自分を貶《おとし》めているんだなどと考え始めるのです。

宮口　何かを責めることになるのですね。

神島　何かを責めて、自分を省みない。自分を省みないと、何をどうしていいかも分からないわけですから、結局のところうまくいきません。下手をすると犯罪が生まれてしまいます。他者を羨ましいと思う気持ちをネガティブなままに終わらせるのではなく、ポジティブに変えていけるといいのですが。

宮口　嫉妬心には、よい嫉妬心もあるんですか。

神島　あると思います。宮口先生もそうかもしれませんが、よい論文を読んだときなど、自分もこういう論文を書きたいと思って努力をしますよね。悪い嫉妬心だと、これ羨ましいな、ずるいなと思うでしょう。この著者は自分の力でこれを書いたのではなく、誰かにやってもらったんだ、たまたま気に入られて引っ張り上げてもらったに違いないといった、思考が働くかもしれません。

宮口　どんなに著名な先生でもそういうネガティブな考えをもっていると思うんですよ。例えば、世紀の発明をした人に対し、世間的に評価を受けている偉い先生が、すばらしい研究が出たから喜ぶべきだと思っているのか、それともすごく嫉妬しているのかと。どんな気持ちなのでしょうか。悪い嫉妬心とよい嫉妬心にどう違いが出るんですか。

神島　よい嫉妬心は自分が努力していくことにつながります。

宮口　ここで言う格差を乗り越えるとき、悪い嫉妬心はもっていてはいけないのでしょうか。

神島　心理学で研究されている人間の心理特性に「シャーデンフロイデ」があります。「他人の不幸は蜜の味」という意味のドイツ語ですね。人間はこうした感情を抱くものですし、そうすることで自分の心身のバランスが保たれる場合もあるかもしれません。でも、悪い嫉妬心は、自分を変えていこう、自分で努力しようという思考につながらないどころか、自分の心身を蝕む場合もあります。映画『アマデウス』で描かれたサリエリのように……。

宮口　確かに嫉妬にずっと固執する人は格差を乗り越えにくいのかもしれませんね。嫉妬に固執していたら、自分の前進がありません。嫉妬は嫉妬として置いておいて、そこを乗り越えるためには自分自身で進まないといけないということですね。

神島　気持ちの切り替え先が必要だと思います。例えば、自分に喜びや自己肯定感など、ポジティブなものをもたらしてくれるものが、いくつかあるといいですね。

宮口　それはもう大原則ですね。

神島　嫉妬心は誰でも抱くと思うので、それを悪い嫉妬心ではなく、よい嫉妬心に向かわせることができればいいと思います。

現状を変えるために必要な「正義感覚」

宮口　親ガチャを乗り越えられる子と潰される子の違いというところはいかがですか。

神島　それは宮口先生のほうがずっとお詳しいと思いますが、哲学で言えば、先ほど言及したロールズが人間の道徳能力の一つとして挙げている「正義感覚」も、違いをもたらすかなと思います。正義感覚とは文字通り、正しい、正しくないに関する感覚です。例えば、本人にはどうしようもない偶然性によって、不幸のどん底にいる人がいます。そういう人が放置される社会は正しくないというのが、正義感覚です。この正義感覚を、自分に対しても働かせることができるとよいと思います。「自分がこのような扱いを受けるのは正しくない」といった具合にです。不公平を感じ、それを悔しいからなんとかしてやろうと思って努力する。何か変えていこうという気持ちがある子は乗り越えられると思います。

宮口　正義感覚をもっているから、なんとかしてやろうという動機づけに結びつくことがあるということですね。「正義」というのが一つのキーワードとして出てきていますが、その正義というのは、そもそもどうやって生まれてくるのですか。

神島　子どもの正義感覚については、ロールズは家庭の中で育まれると述べています。そうだとすれば、親ガチャの影響は大きそうです。

宮口　モデルが必要だと思うんですよね。正しい規範を身につけるのは動機づけが大事ですが、それをどういうふうに身につけるかというと、もう幼い頃からのものでしょうか。

神島　子どもは親からの承認を得たり、親を喜ばせたいと思ったりしますよね。ですので、親が習慣的に、例えば約束を守るとか、他者に親切にするとか、一般に正しいと言われることをしていれば、子どもも同じように振る舞うようになるのではないでしょうか。そうした動機づけを与えてくれるのは、学校では先生だったり、おじいちゃん、おばあちゃんであったりする場合もあると思います。親に恵まれていなかったとしても、周りに一人でも自分を大事にしてくれる人がいれば、その人の承認を得たり、喜ばせたいと思ったりするでしょう。だから、より多くの大人が正しい規範を身につけて、それぞれの持ち場で出会う子どもを大事にしていけば、子どもたちの動機づけにつながるように思います。

宮口　ただ、ある程度余裕がないと、正義はもてないと思います。いろいろな意味で余裕がある人であることが必要です。自分自身がぎりぎりの場合、例えば、生きるか死ぬかのぎりぎりのときは、どこまで正義感覚をもてるのかというのがありますね。

神島　そうですね。それはその通りだと思います。それから、正義についてのもう一つの問題として、共通の正義について語ることが難しくなってきているということもあります。学生たちを見ていると、正義は自分の正義だと思って、みんなと共通の正義だと思っていないのです。「自分がこれいい」と思うものが正義になっているようで、「正義の反対は別の正義」という言い方をよくしています。つまり、「自分の正義とあなたの正義は、それぞれ別の考え方で問題ない」ということらしいのです。もちろん、それぞれの考え方は尊重されるべきものですが、この相対的な正義の考え方を突き詰めていくと、例えば、「いじめはなんでいけないの？　いじめは自分にとっては正義なのに……」ということになってしまうのではないかと。根本的なところでちょっとゆがんできていませんか。
宮口　それは環境因が大きいですね。
神島　ＳＮＳで、みんなが自分や自分のコミュニティの世界に閉じこもってしまっているというのはあると思います。
宮口　なるほど。正義がすごく多様化して、いろいろな正義が生じやすい状況なのですね。
神島　そう捉えることもできるかもしれませんが……。もしこの相対化が止まらないとなると、ハズレガチャを引いた子どもがどんなに不公平感を募らせたとしても、社会全体として取り組むべき正義の問題として認知されないでしょうから、自分でなんとか生き延びる術を探すしかなくなるかもしれません。正義感覚をもつことは大切ですが、それだけで親ガチャを乗り越えるのは、今の時代難しそうです。

親ガチャを乗り越えられない子の特徴

宮口　親ガチャを乗り越えられる子と乗り越えられない子の違いの話に戻りますが、私は、少年院の少年たちの特徴をいろいろ調べた結果、困っている子どもの特徴を「５点セット＋

1」という形でまとめたのです。それは、**認知機能の弱さ**（見たり、聞いたり、想像したりする力が弱い）、**感情統制の弱さ**（すぐにキレる。感情をコントロールすることが苦手）、**融通の利かなさ**（頭が固い。思いつきで行動する）、**不適切な自己評価**（自分の問題点が分からない。自信がありすぎる、なさすぎる）、**対人スキルの乏しさ**（人とのコミュニケーションが苦手）の5点です。プラス1は**身体的不器用さ**（力加減ができない。身体の使い方が不器用）ですが、子どものころから運動やスポーツなどをしている少年たちは必ずしも不器用さを併発しないため、五つの中には入れませんでした。

このうち特に厄介なのは、不適切な自己評価で、例えばプライドが高すぎる場合です。これは少年院に限らず、一般社会でもそうです。仕事が全然できないのに、自分はできると思っていて、いっぱい引き受けて結局できないので中途半端にして、それで叱られたら逆ギレするような人がいると思うんです。プライドが高すぎる子どもたちは、自分では問題ないと思っていて、注意したら逆ギレします。それは厄介でしたね。

神島　教員として、そういう学生たちには苦労します。

宮口　大学でもありますね。自分はすごく賢いと思い、自信をもつのはよいのですが、能力以上に思っていて、人のアドバイスも聞くことは聞くけれど、自分が欲しい情報しか受け入れない。そのくせ、評価されなかったら周りが悪いというようなケースは大変厄介です。

メタ認知が重要なわけ

神島　そういう傾向をもつ人は認知能力に問題があるのでしょうか。

宮口　その可能性がないとは言えません。「メタ認知」といって、自分のことを正しく評価する力が足りない場合です。自分を正しく評価できるということは、心理学では大変大事なことです。しかし、メタ認知はIQとは大きくは関係しないんです。IQとはあまり関係しないので、IQが高いからメタ認知がしっかりしているかというと、それはまた別なんです。

神島　メタ認知はどうやって育まれるものなんですか。

宮口　私は、正しいフィードバックによって育つと考えています。例えば、誰かと話していて、にこにこ接してくれていたら、「ああ、自分って好かれているのかな」、相手がムッとして自分に接したら、「嫌われているのかな」「自分が何か悪いことをしたのかな」と思って、フィードバックで自己修正が利くんです。それで、「自分は、どんな人間なんだろう」ということが時間をかけて分かっていきます。メタ認知は、他者とのコミュニケーションや対人関係の中で培《つちか》われていくのですよね。無人島で独り暮らしをしていて、自分がどんな人間かなんて分からないでしょう。置かれた環境によって、そこで、その対象者との関係の中で分かってくるのです。

神島　自分がどういう人間であるかを理解するためにも、他者とのコミュニケーション能力が大事なのですね。

宮口　相手からの情報が分かるときに、相手が笑っているのに怒っていると感じたり、怒っているのに笑っているように感じたり、フィードバックの力が弱かったりすると、メタ認知のゆがみにつながることもあります。少年院の少年たちにはゆがんだメタ認知をもったケースも多く見られました。

神島　正しい形でフィードバックをしてくれる人がいない環境で育つと、そうなっていくのでしょうか。

宮口　例えば、虐待を受けていた少年は、ネガティブなほうに取る傾向がありました。親切にしてもらっても、「どうせあいつ、何か裏があってやったんだろう」など、ネガティブに受け取ってしまうようになり、だんだんみんなが自分の敵に見えてくるようなケースです。それによって、どんどん自分もネガティブになっていきます。メタ認知もゆがんできます。環境にもよりますが、そもそもフィードバックを受ける力がしっかりしているか、しっかりしていないかによっても分かれてきます。

神島　そのフィードバックというのは、表情だけでなく、言葉も大事なんですね。

宮口　もちろんそうです。集団の中で身につけるものなんです。コロナ禍の時代には、みんながマスクをしているので、先生や友達の表情を目だけでキャッチしないといけないため、フィードバックがすごく難しくなってきています。これからメタ認知が課題になってくる子がかなり増えるかもしれません。

神島　心配ですね。

宮口　SNSでも、何か投稿して、意見が返ってきたら、それはそれである種のメタ認知は、どこかに機能すると思いますが、それは一部です。メタ認知も多くの分野がありますから。身体能力に関してもそうです。例えば、これぐらいジャンプできるだろうと思って、足が引っかかることがありませんか。頭の中でイメージできていると思っても、実際は体が動かないというのがあります。こけたりつまずいたりするのは、自分の身体のメタ認知ができていないということですね。私は、加齢でよくこけたりつまずいたりしますが……（笑）。

神島　メタ認知を育むには集団の中に身を置いて、自分の言動に対する他者からのフィードバックを受ける必要があるということですが、フィードバックをしてくれる人自身の認知能力が低いと、正しいフィードバックを得ることが難しそうです。

宮口　そうです。いろいろな人のフィードバックが必要になります。例えば、親子では、全然笑わないお母さんや何をしても怒るお父さんでは、子どもは「自分は何をやっても駄目なんだ」と自信をなくしてしまいます。フィードバックをしてくれる親以外の別の存在が必要ですね。

神島　なるほどそうですね。子育て中には、家の中で親と子どもが二人きりでずっと過ごすというのはよくないことが分かります。

宮口　だから、保育園や幼稚園など、外の世界に連れて行くことがときには必要になると思います。

神島　外に開かれていることが大事だということですね。

宮口　集団生活の中では他者関係というのがすべてです。他者関係といかに折り合いをつけて生きられるかというところが重要ですよね。

神島　メタ認知が強い人と弱い人がいて、強い人は格差社会を生き延びることができるけれども、メタ認知が弱い人は生き延びることが難しいということでしょうか。どうしたらメタ認知を鍛えられますか。

宮口　一番は自分の課題が分かるということです。メタ認知の特徴の一つは、「こんなことができない」とか「こういうことに課題がある」と的確に自分を評価できることです。そこで、変わっていこうという動機づけの気持ちなどはまた別ですが、自分の課題がまず分かるところがスタート地点ですね。自分に問題はない、自分はもう完璧な人間だと思っていたら、それ以上変わらないし、変えたいという力が出てきません。

神島　そうですね。

宮口　そういう意味で、不適切なメタ認知だったら、格差を乗り越えるところに支障が出てくるかもしれません。

神島　褒めてくれる人だけでなく、厳しいことを言ってくれる人も大切ですね。

宮口　褒めるだけだと根本的な解決にならないこともあります。等身大の自分というのをいかに正しく時間をかけて本人に認識してもらい、自覚をもってもらうかということが、すごく大きい。時間をかけることが必要でいきなり直面させたらまずいですよ。我々も直面したくない自分をいっぱいもっていますよね。自分には目を背けていたいところもあるでしょう。

神島　メタ認知を育むために、厳しいことも含めていろいろな意見を伝えたいけれども、それが難しい年頃の子たちもいますね。

宮口　伝えるのではなく、気づかせるようにすることが大切です。身につけたいスキルというのは集団生活の中で身につけていきます。

少年院に勤務していた頃、私はそこで少年たちの診察やグループワークを行っていました。カウンセリングや診察は、通常一対一のため上下関係ができます。しかし、グループワークでは、私はグループの進行役として入りますが、基本的には対等な少年たちの集まりです。そのため、少年たちはあまり緊張しないで、思っていることを発言できるという特徴があります。私はグループワークの中で、「価値観ゲーム」をよく行っていました。

価値観ゲームは、例えば、「生まれ変わるとしたら、犬がいいか、猫がいいか」「男性に生まれるか、女性に生まれるか、どっちがいいか」といった正解がない問題を出します。0から100までパーセントで答えます。例えば、犬に生まれたい人は右側、猫に生まれたい人は左側のスケール。真ん中を0にして、犬100、猫100でなんパーセントぐらいかということを言わせ、そこにその少年たちの名札を貼っていきます。犬派、猫派、中間派に分かれてディスカッションをするのです。そのねらいは、相手をいかに説得して自分のほうにもってこさせられるかということです。いわば、ディベートのようなイメージです。なぜ自分は犬がいいのか、なぜ猫は嫌なのかなど、いろいろなことを言って相手を納得させます。そして意見が動いたら、「なんパーセントで動きました」と言って名札の場所も移動します。

そのようなディスカッションを行うと、相手の考えに気づきます。いきなり自分を知るというのはちょっとハードルが高くなります。「自分のことが分からないのに、人のことが分かるはずがない」とよく言われますが、これは誤解ではないかと思います。自分のことを分かるのは最後の最後。自分のことを知るのは怖いから知りたくないという気持ちがあるのです。人のことを知るほうが実は簡単で敷居も低いのではないかと思います。

ディスカッションをしているときは、「あいつ、普段はあんなこと言っているのに、実はこういう意見なんだ」「この意見であの人は動くんだ」など、いろいろな人たちの様子を見ることができます。また、自分の意見を言ったときに周りの人たちがどう反応するかというところで、「自分はこういう人間なのかな」ということも分かります。「あいつと同じ考えをしているので、あいつと似ているのかな」など、様々な人たちを見ながら、自分のいろいろな価値観に触れて、自分に徐々に気づいていくというプロセスをたどります。

人の心を知ることは難しいものです。面と向かって今どんな気持ちとは言いにくいでしょう。また、心と裏腹なことを言うかもしれません。安心してしゃべれるツールや仕組みが便利です。価値観ゲームもそのようなツールの一つなのです。

格差を乗り越えるために身につけるべき力

神島　その他にも身につけておくべき力に、どのようなものがありますか。

宮口　格差を乗り越える、乗り越えないに関係する力の一つに挨拶《あいさつ》の力があります。挨拶する子どもが、最近とても減っているような気がするんです。私が子どもの頃、「近所の人に会ったら挨拶しなさい」とひたすら親から言われ続け、近所の人に会ったらとにかく挨拶をしていました。少年院もそうなんです。最初に見学に行ったとき、みんなは怒鳴るぐらいの大声で「こんにちは」と言っていたのが、最近そのような少年は見かけなくなりました。これは少年院以外の施設でも同様でした。

神島　そうですか。

宮口　挨拶ができるかできないかは、格差を乗り越えられるかどうかに関わることもあると思います。支援を得られるか得られないかという、究極はそこにあるからです。他者からいかに好かれるか、かわいがられるか、これは大きなポイントです。自分の力だけで乗り越えられないことはたくさんあります。助けてもらわないといけない場面で助けてもらえるかどうかです。

神島　私自身も小まめに連絡をくれる学生は、実際のところは別にして、なんとかしてあげたいと思ってしまいます。

宮口　我々が授業をやっていてうれしいのは、授業後に、質問に来てくれるとき。ほとんどの学生は来ませんが、来てくれたときはうれしいし、「ああ、ちゃんとそこまで聞いてくれているんだ」と思います。その学生たちは、何かあったときに助けてあげたいなと、こっちも思うんですよね。格差を乗り越えるには、実はそういう対人マナーが大事です。

神島　対人マナー、ですね。

宮口　そういうのを身につけているかいないかで、変わってくると思います。学生の例は別としても、どういう子が生き残っていくかというと、思いやりがあって親切な子は結局、最終的には最強だと思います。大人になってもね。

神島　それから、忍耐力も重要そうです。

宮口　我慢できるということですね。

神島　やりたいことがあっても、ある程度忍耐力がないと、途中で放り投げてしまって、夢や目標にたどりつけませんよね。

宮口　対人マナープラス感情ですね。感情で我慢できるかというところで、今がよければいいのか、未来を見据えて我慢できるのかということです。

神島　そうですね。

宮口　今だけでよいなら、仕事が嫌だったら、もうサボって寝ようかとなるのですが、未来のことを考えると我慢することを選びます。だから、我慢する力があるというのは、乗り越えられる要素として大きいと思います。と考えると、未来のことを見据える力というのは、大切な能力の一つですよね。

神島　未来を見据える力というのは、忍耐力と同時に発揮するということですね。

宮口　もちろんそうです。見据える力があるから、今は我慢しようということですよね。

神島　あと想像力も必要ですね。

宮口　1か月後のことが想像できるから、今我慢しようということになります。しかし、想像力というのも、ある程度、個人の資質に関係してくるところです。また、忍耐力は、能力以外に環境因も関係しています。ご飯を食べさせてもらえない子に、我慢したらもっといいことがあるよと言っても、やっぱり目の前のご飯を食べるので精いっぱいだと思うんです。だけど、ある程度満たされている子に、目の前のご飯を我慢したらいいことがあるよと言ったら、ちょっと我慢できるかもしれません。その子の置かれている環境によって余裕の度合も変わってきます。

神島　心理学の実験でマシュマロテストというのがありますが、本当にお腹が空いていたら食べてしまうでしょうね。

宮口　そうなんです。マシュマロテストは、そのものを我慢できた子が将来伸びるだろうというだけでなく、その子のもっている背景まで見ないといけないと言われています。テストをする人への信頼があるかどうかによって結果が変わってくると言われているのです。信頼できる人がテストをすれば待てるけれど、信頼できない人がそのテストをしたら待っていられませんね。

神島　それはありそうです。あとは、親や身近な大人との愛着関係が安定していることも重要です。

宮口　それはもう大前提です。「安心」があるからいろいろな新しいことにチャレンジができるんです。さらに、本人の資質からすると、思考の柔軟さは外せないところです。困難にぶち当たったとき、ちょっと思考を柔軟にして、こうしてみようかなど、違う発想ができるとよいでしょう。

神島　はい。転んでもただでは起きない力でしょうか。

宮口　今、逆境をチャンスだと思える力というのが求められています。最初から思考が固ければ、失敗して、どうせ無理、やっても無理だろうと最初から決めつけがあり、チャレンジしようという気がそもそも起きません。

神島　思考の固さ、柔らかさというのはどうやって身につくものなんですか。

宮口　チャレンジの積み重ねです。幼児期に、何かいろんなことをやってみたいとチャレンジして、成功したり失敗したりすることがありますが、失敗したときに、例えば親が厳しく叱って、「そんなの、やったら駄目」と言って、いろいろなことで失敗体験がトラウマになっていったら、新しいことにチャレンジしなくなります。それで、どんどん思考が固くなっていくと一つには言われています。失敗体験で、そのときにどのようにフィードバックされるかで、思考はどんどんチャレンジしない方向にいきます。

刑務所にいる人たちというのは、基本的に思考がとても固いことが多いんです。何か問題を出しても、誰かが「自分はこういう案でいきたい」と言ったら、「じゃあ俺も」「俺も」「俺も」とみんな相乗りします。「自分は違うからこうだ」という意見は全然出てこないという話を聞きました。

神島　失敗体験がトラウマになり、思考が固くなる、ということでしょうか。

宮口　怖いのは、思考の固さから刑務所に入るようなことにつながることもあるんです。例えば極端な話、お金がないときに、アルバイトして稼ぐか、お金を借りるか、あるいは盗むか。いろいろなアイディアが出るのは悪くないのですが、思考が固くて、「もう盗むしかない。悪いことをするしかない」というふうに固まってしまったら、他の考え方をすることができないのです。その結果、刑務所に行くことになってしまうのです。

神島　選べる柔軟さが必要なのですね。

宮口　選んでも否定されないというか、安心して選べるという環境がまず大切です。

神島　思考の固さで言えば、ＳＮＳの中で自分の仲間が言っていることに従ってしまい、他の意見をまったく聞き入れないというのに似ていますね。

宮口　格差を乗り越えられる子と潰される子との違いはそこにもありますね。

神島　少年院の場合、そのような力を育むためのカリキュラムのようなものはありますか。

宮口　はい、あります。認知機能強化トレーニング（コグトレ）[※5]によるトレーニングもそうです。感情のコントロールができず思考が固い場合の柔軟にするトレーニング、対人マナーが弱い場合、対人マナーを育むトレーニングなど、様々なものがあります。少年院の少年たちは、みんな課題を抱えています。その課題に対応するトレーニングをすることは有効です。

神島　それは私たちも含めて、一般の学校の先生にも役立ちそうですね。そういう力が弱まってきているから、子どもたちや学生がいろいろな問題を抱えているということもあると思います。少年院は極端な例かもしれませんが……。

宮口　極端ではありません。全部つながっているのです。格差ができている原因として、感情のコントロールができないことや、対人マナー的なスキルの弱さ、思考の固さなどが考えられます。メタ認知も含め、それをなんとかする力が大事だと思います。

また、格差を乗り越えるためには幸福になる閾値《しきいち》を下げるというのも一つのヒントになります。幸福の一つは心地よさ、突き詰めると心地いいことです。逆に不幸といったら不快なことです。そういう意味から言うと、心地いい気持ちになるというのが大事です。そのために自分の考え方を変えて、それこそ嫉妬しないような考え方をしたら、確かに心地よくなりますね。

神島　心地よさは幸福につながりますね。また、自分の「好き」を見つけて大切にすることも重要だと思います。

宮口　自分が幸福になるためには、どのようにしたらよいかを考えること。そして、考えたことを実行するための力を蓄え、そして実行することが大切ですね。少年院で「認知機能強化トレーニング」に取り組み、以前とは大きく変わったという少年がいます。その少年は突き詰めて考えることがとても苦手で、考えることを最初から放棄しているという感じでした。しかし、認知機能強化トレーニングの課題を行うことで、徐々に論理的に物事を考えるようになり、考える習慣が身についていきました。「自分がなぜ少年院に入らなければならなかったのか、最初はまったく分からず反発していたが、今は分かるし、先生が叱ったのは、自分のことを考えたからということも分かってきた」ということを言っています。認知機能強化トレーニングは考えることが苦手だった少年に、変わるきっかけをつくりました。

少年院の少年たちの話は、極端な例ではありません。格差ができている原因として、感情のコントロールができないことや、対人マナーの弱さ、思考の固さなど、子どもたちが苦手なことへの支援がもっと必要なのではないかと考えています。

神島　そうですね。では、困っている子どもたちに支援をしようとしても、子どもたち自身に伸びようという気持ちが起きない場合はどうしたらよいのでしょうか。

宮口　少年院で以前、少年たちに認知機能を強化するプリントを行っていたときのことです。

そのプリントに対して、やる気のある少年もいたのですが、まったくやる気のない少年も多数いたわけです。やる気のない少年たちを相手に、私も「この少年たちにいろいろなプリントを行うのは難しいのか」と思うようになり、だんだんと気力をなくしていました。あるとき、指導する気も失せて、少年たちに「あなたたちが一度、自分たちでやってみて」と言ったことがありました。そのとき、なんとその中の一番やる気が見られなかった少年が、「ぼくにやらせてください」と前に立って、指導者となってプリントをやり始めたのです。その後、「ぼくもやる」「ぼくもやる」と言って、みんなが指導者になりたがって、やる気を起こしたのです。子どもの頃からみんなを指導するということをやってこなかった少年たちです。これまで人に信頼され、頼られることがなかったのです。自分が責任をもって、頼られ何かを行うということをこの少年たちは経験したかったに違いありません。やる気と言うのは押しつけで起こるものではないことを、このとき身をもって確信しました。少年たちにある程度の責任をもたせて、やっていくことで、やる気が起きるのだと分かりました。

親ガチャに負けない子どもを育てるためには、子どもの主体性を尊重しながら個に応じた適切な支援を行っていくということが重要なのではないかと思います。

第2章

「親ガチャ」とは何か?

子どもは親を選べない

2021年、『現代用語の基礎知識』選ユーキャン新語・流行語大賞」に「親ガチャ」がノミネートされ、トップ10入りしました。また、「大辞泉が選ぶ新語大賞2021」[※6]では大賞を受賞し、「子供がどんな親のもとに生まれるのかは運任せであり、家庭環境によって人生を左右されることを、カプセルトイのランダム性に例えた言葉」と定義されました。

ガチャ（あるいはガチャガチャ）は、お金を入れてレバーを回すと、カプセルが出てくる自動販売機で、やったことのある人も多いと思います。カプセルの中に何が入っているか分からないワクワク感が楽しいのか、いつ欲しいものが出てくるか分からないスリルが楽しいのか、人によって「楽しい」と思う理由には違いがありそうですが、いずれにしてもカプセルを開けてみるまで中身が分からないという点がガチャのミソです。

カプセルトイのガチャは楽しい。でも「親ガチャ」は楽しいものではありません。親ガチャの結果によって子どもの生活環境も人生の見通しも、大きく左右されてしまうからです。

実際のところ、子どもには親を選ぶことができませんし、そもそもこの世に生まれてくること自体も選べません。多くの場合、気が付いたらこの世にいて、特定の親の元にいた、というようなことになります。そのため、親ガチャの結果を憂えている人がいるとしても、なんら不思議ではありません。

とはいえ、子どもに対して「食わせてもらってるだけありがたく思え」とか、「誰のおかげで生活できてると思ってるんだ」とか、「子どもは親の従物」とか、「親を批判してはいけない」という価値観をもっている人は、親ガチャという言葉に違和感をもつことでしょう。しかし、「子どもの権利」が承認されつつある今日、子どもにとって親は選べないものであり、また親がもたらす生活環境によって人生の見通しが違ってくるということ、つまり「子どもは親ガチャのメリット・デメリットを一身に受けて成長する」という事実から、もはや目を背けることはできないのです。

現代は、SNSの発達によって、以前は見ることがあまりなかった、他者の生活環境や人生の見通しに、子どもたちは容易に触れることができるようになっています。SNSにアップされた写真やストーリーは「盛られている」ことが多いかもしれませんが、それでも羨望は掻き立てられます。あの人にもこの人にもお金がありそう、親が優しそう、家が広くてきれい、食事が豪華、習い事もさせてもらっている、家族で仲よく旅行に行っている。それに比べて自分は……と、自分の境遇を悲しむこともあるかもしれません。特に、平等化への意識が高まっている現代社会では、子どもたちが親ガチャの結果に不満や不公平感を覚えるのは当然です。他者と比較されがちな学校の成績やスポーツの記録、進学先や就職先、職業や給料、結婚相手、子どもの有無、老後資金の大小、そして葬式の大きさまでもが、親ガチャの影響下にあります。さらには、今度は自分の子どもが生まれたら、その子どもの生活環境や人生の見通しも、自分の親あるいは自分による親ガチャのせいだと思うかもしれません。貧困の連鎖があるように、親ガチャの連鎖も否定できないのです。

誰がアタリで、誰がハズレか？

ここで一つ問題が生じます。いったいどこまでが親ガチャのハズレガチャに相当するのかということです。恐らくほとんどのみなさんは、「自分がハズレガチャに相当するかどうか」が分からないのではないでしょうか。「ヤングケアラー」と呼ばれている子どもたちは、自身にその自覚がないことが多いということが厚生労働省などの調査で明らかになりましたが、第三者から見るとハズレガチャなのに、本人がそれに気づいていないことも多いのです。そこで、本章ではまずは自分が親ガチャのハズレガチャに相当するかどうかを知るところから始めたいと思います。今から、8名のケースを紹介しますので、誰がハズレガチャに当たるのか、ハズレガチャだとするとどこがハズレなのかを考えてみましょう。

登場人物　関係図

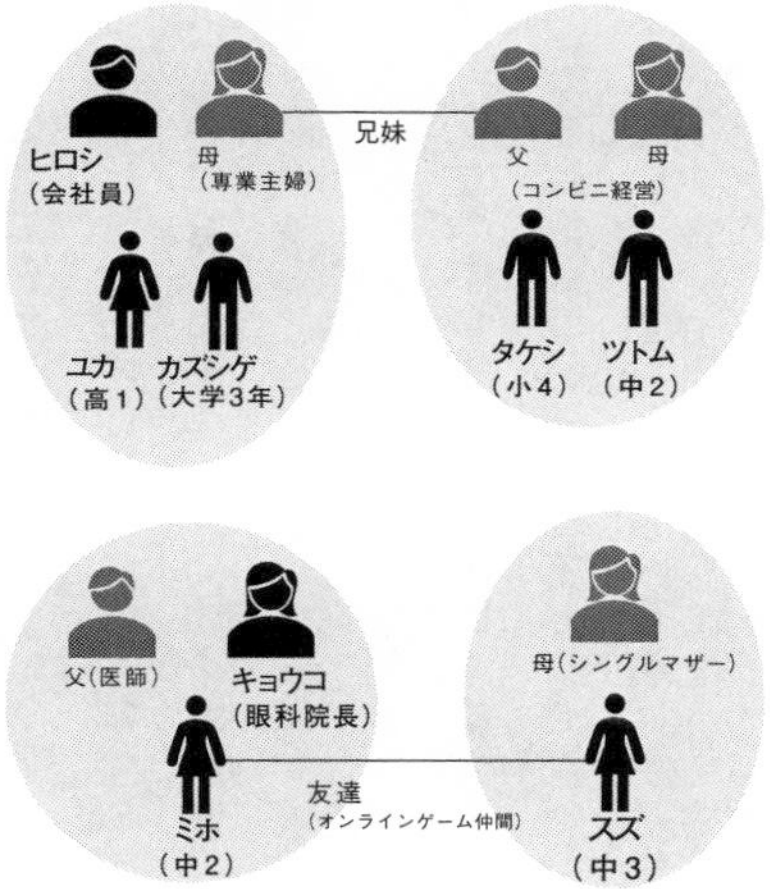

タケシ…小学4年生男子。

ツトム…中学2年生男子。タケシの兄。私立中学に通う。

ユカ…高校1年生女子。タケシ、ツトムの従姉。

カズシゲ…私立大学3年生男子。ユカの兄。

ヒロシ…中小企業に勤める52歳男性。ユカとカズシゲの父。タケシ、ツトムは甥。

ミホ…トップクラスの私立中学校に通う中学2年生女子。両親とも医師で裕福な家庭で生まれ育つ。

キョウコ…眼科医院の3代目院長。ミホの母。

スズ…中学3年生女子。ミホのオンライン友達。

【ケース1】タケシの場合

タケシは大阪市内に住む小学4年生です。両親はコンビニエンスストアを経営。経営者とはいえ、コンビニチェーンのオーナーにはほぼ休みがなく、薄利で生活はけっして楽ではありません。

タケシには中学2年生になる兄と小学1年生の妹がいます。兄は小学生の頃から勉強が得意で、私立の中学校に通っています。

タケシは勉強が得意ではありません。じっと机に向かって決められたことを覚えるのが好きではないのです。しかし、家事は小学生とは思えないくらいこなしています。ただし、これも好きでやっているわけではありません。タケシが小学生になった頃から兄が塾に通い始め、塾への送迎などで両親は兄につきっきりで、加えて、24時間体制のコンビニの仕事もあるので、当然のなりゆきのように、タケシは低学年の頃から掃除や洗濯、妹の世話などを「させられて」きたために、家事や気遣いのスキルが身についてしまったのです。

タケシはスポーツも得意ではありません。ですが、野球と阪神タイガースは好きで、テレビで応援をしたりしています。いつか、甲子園球場に試合を見に行きたいと思っています。

野球だったらやってみたいなと思っていますが、親の付き添いが必要なリトルリーグに入るのは、どうせ無理だろうと思っています。

友達関係はどうでしょうか。休み時間に他の子とドッジボールをしますが、クラスで仲間はずれになりたくないからやっているだけで、特に仲のよい友達もいません。どちらかというと引っ込み思案のタケシは、そういった輪の中に入っていくことができません。

毎日、特に何かしたいこともなく、小学校には休まず通っていますが、勉強もスポーツもパッとせず、仲のよい友達がいるでもなく、家に帰れば家事と妹の世話をする日々です。この前、学校の作文で「将来の夢」というのがありましたが、タケシは原稿用紙に何も書くことができませんでした。気づくと真っ白の原稿用紙を前に涙ぐんでいました。


〈解説〉

タケシは勉強もスポーツも得意ではありませんが、家事をこなし、妹の面倒も見ています。引っ込み思案なため、今のところ友達と呼べる相手ができずにいますが、攻撃的なところもなく、協調性もある優しい、普通の子です。そんなタケシが「将来の夢」を書けずに、涙ぐんでしまいました。

タケシは何がつらいのでしょうか。将来の夢がないことでしょうか。でも、タケシの年齢ならまだまだ自分の将来について現実的に考えられないという子どものほうが普通でしょう。

むしろタケシの場合は、自分の「好き」を将来に投影しようとしたときに、現実的な選択肢が何もないことや、その理由として、**自分の願いや「好き」が親によって叶えられたことが一度もない**ことに、寂しさや悲しみを覚えたのではないでしょうか。あるいは、常日頃から感じていた寂しさや悲しみが、改めて押し寄せたのかもしれません。

タケシは身近な大人から、あまり関心をもたれずに育ちました。挑戦してみたいことも、させてもらえませんでした。家事や妹の面倒を見させられてきたので、放課後や週末に児童館や公園で遊ぶこともできませんでした。タケシに関心を寄せる大人や同世代とのコミュニケーションが限定的であったため、タケシの**現在や未来について積極的なフィードバックをくれる人がいなかった**のです。タケシは進むことも戻ることもできず、心にポッカリ大きな穴を抱えていました。

もし、タケシの生活環境が違っていたら、どうだったでしょうか。放課後自由に遊べていれば、塾に行かせてもらえていれば、リトルリーグに入らせてもらえていれば、自分は大切にされているという自信や安心感が芽生え、引っ込み思案のタケシでも、仲間や友達ができたかもしれません。

勉強やスポーツの成績がアップしていたかは分かりませんが、少なくとも「将来の夢」に「プロ野球選手」と書いたかもしれません。**自分の願いや「好き」を認め、そのために少しでも自分のために時間やお金を割いてくれる親に恵まれなかった**ことが、タケシにとってのハズレガチャだったと言えます。

【ケース2】ツトムの場合

ツトムはタケシの兄です。中学2年生で、関西圏では偏差値が高いことで有名な私立中学校に通っています。小学生の頃は勉強が得意でした。ただし、九九を暗記したり漢字を覚えたりすることは得意でしたが、決して勉強が好きだったわけではありません。テストで10 0点を取ると親が褒めてくれるのが嬉しくてがんばっていただけでしたが、おじいちゃんがツトムの両親に「ツトムは勉強できるみたいやから、私立の中学校をめざしたらええんちゃう？　塾代なら出したるわ」と提案しました。その鶴の一声で、ツトムは小学3年生の2月から塾に通い始めました。本当はカードバトルやゲームが好きで、友達と遊びたかったのですが、両親から受験が終わるまでゲームを禁じられてしまいました。

ツトムは自分の平均偏差値よりかなり高い学校に合格しました。しかし、中学校に入ってからのツトムは、実力以上の学校に入ってしまったためか、どんなにがんばっても授業についていくのがやっとでした。両親や祖父母を落胆させたくなくて、ツトムは必死に勉強していますが、クラスでの順位は常に下から数えて1桁圏内です。

弟のタケシは塾に行かず、地元の公立中学に進むようです。妹とも仲よしで、なんとなく弟のことを羨ましく思ってしまいます。この前、ちょっとした言い争いから弟を拳で殴ってしまいました。鼻血を出して泣く弟を見ながら、自分も泣いていることに気づくのです。それからツトムは、自分の部屋に引きこもるようになって、学校にも行っていません。

〈解説〉

中学受験をする子どもは一定数います。私立、国公立にかかわらず、中学校を受験する理由は様々です。ツトムの場合は、本人の希望ではなく、小学校の成績がよかったことに目をつけた祖父と、その意を酌んだ両親の意向でした。ツトムのように、偏差値の高い上位校を受験対象とする子どもたちは、数年間、長ければ小学1年生の頃から、塾通いをします。受験期が近づくと、プラスで個別指導教室に通ったり家庭教師がついたりすることもあり、遊ぶ時間がとれないどころか、睡眠時間が削られることさえあります。

友達と過ごす時間もなく、大好きなゲームを禁じられていても、祖父母や両親の期待に応えたい、落胆させたくないと思い、必死で勉強してきました。多くを犠牲にしたにもかかわらず、学校の成績が振るわなくなったとすれば、つらいはずです。両親や祖父母は、ツトムが有名私立中学校に通っていることにしか気が向いておらず、実際のツトムの状況や気持ちに関心がなかったことも、真面目なツトムにとって、相当なプレッシャーになっていたと思われます。誰もツトムの好きなことや将来を考えずに、ツトムに偏差値の高い私立学校を目指させた点で、ツトムはハズレガチャと言えるでしょう。もしツトムに好きなことや将来の目標があり、そのために中学受験をしたとすれば、背伸びして入った学校で成績が振るわなくても、タケシのことを羨ましく思ってしまうことはなかったでしょう。

親の価値観で進路

を決められたところが、ハズレガチャに相当しそうです。

【ケース3】ユカの場合

ユカは高校1年生で公立高校に通っています。タケシとツトムとはいとこに当たります。通っている学校は進学校ではありませんが、大学に進学しない生徒はごく少数派です。ユカには、「進学にかかわる悩み」がつきまとっています。

小学生のときは勉強ができて、クラスでも一番目か二番目の成績でした。両親ともに公立出身でしたし、ユカの成績や進路には関心がなかったので、私立中学に行くという選択肢はありませんでした。高校受験のときにも、親からなんのアドバイスもありませんでしたが、ユカは親にお金の迷惑をかけまいと、絶対に合格できる偏差値の公立の高校を受験しました。

結局、ユカは妥協して選んだ公立の高校に通い始めました。同級生たちはあまり向学心のない子がほとんどで、ユカが教室で勉強していると、からかわれることも多く、学校では居場所のなさを感じています。ストレスでついお菓子を食べてしまいますが、乳製品アレルギーのため、食べられるお菓子の種類は限られています。これもまたストレスです。

それでも、小学校のときから見ている ドラマで主人公が勤めている科学捜査研究所に憧れていて、そのためには大学に行く必要があると思っています。大学受験のために勉強をしたいのですが、どんな大学に行けばよいかも、実はよく分かっていません。塾に行きたいと両親に相談したこともありますが、「女の子なんだから大学は行かなくていいんじゃない？」などと、真剣に取り合ってもらえません。それどころか、特に母親はユカが勉強をしていると、おもしろくなさそうな顔をしています。ユカは、家にお金の余裕がないことは分かっています。でも奨学金を借りたり、アルバイトをしたりすれば、なんとかなるんじゃないかとも思っています。学校で進路相談が始まるまで、ひとまず待つつもりです。

〈解説〉

ユカは自分の「好き」をもっています。科捜研に入るのが夢です。そして芯の強い子です。そのため、高校で居場所のなさを感じていても、また同級生から嫌味を言われても、へこたれずにがんばっています。そんなユカですから、ハズレガチャの影響は受けにくそうに見えますが、アタリガチャとも言えなそうです。では、どこがハズレガチャなのでしょうか。

まず、家にお金の余裕がないこと。これはタケシとツトムのケースもそうです。ただし、しっかり者のユカは、経済問題はクリアーできそうです。大学に行くためには、がまんも努力もできます。ですが、もし母親がユカの大学進学を妨害してきたら、どうなるでしょうか。ユカの親戚には、どうやら女子で大学に進学した人はいないようです。また、パート以外の仕事をしているお母さんたちもほとんどいません。その理由はユカには分かりません。母親に聞いても、「そういうものだから」という返答しかもらえないからです。もし両親がユカに、「大学に進学するなら勘当する」と言ってきたら、ユカはどうするでしょうか……。

このケースでは、**子どもの教育や職業に関して両親にジェンダー差別がある**点が、ハズレガチャに相当します。

【ケース4】カズシゲの場合

カズシゲはユカの兄です。地元の私立大学に通っています。現在3年生で就職活動をしていますが、まだ内定をどこの企業からももらえていません。カズシゲは自分の通う大学が好きではありません。そもそも大学に行く気はなかったし、大学に行ってほしいという両親の期待に応えましたが、自分で希望した大学には不合格でした。第2、第3希望の学校も不合格だったので浪人して再チャレンジしたかったのですが、親からは「そんな金はない」という空気を感じました。結局、練習のつもりで受験した大学に入学しました。

そんなわけで、入学後も授業に出席するのは最低限の科目だけです。単位も十分に取れていません。カズシゲには特に就きたい職業や入りたい企業があるわけではありません。行きたかった大学も、カッコよさそうで、そこに行けばモテるかもという漠然とした考えがあったくらいです。現在までカズシゲには彼女はなく、親友と呼べる友達もいません。勧誘されたサークルに入りましたが、サークル活動に顔を出す機会も減っていきました。

コミュニケーションが苦手なカズシゲにとって、就活は苦痛です。面接で何回か落とされました。将来のことを考えると、漠然とした不安感に襲われます。眠れない夜に家の冷蔵庫から持ち出した缶酎ハイを飲みながら、脳裏に浮かぶのはネガティブなことばかりです。

〈解説〉

カズシゲは、そもそも大学に行くつもりはありませんでした。真面目な性格で勤勉でしたが、特に勉強が好きではなく、これといった夢や目標もなかったので、高卒後は地元の中小企業で地道に働きながら、早めに自分の家族を作って、人生を満喫して、安定した老後を迎えたいと思っていました。しかし、ユカと同様に親思いのカズシゲは、「大学に行ってほしい」という親の期待を無視することができませんでした。仕方なく入学した大学では、当然ながらやる気も出ず、気がつけば就活です。行くつもりがなかった大学に行かされたことを、カズシゲは生涯にわたって恨むことになるかもしれません。

もしカズシゲの両親が、「高卒で働きたいなら一度そうしてみなさい」と言ってくれていたら、カズシゲは少なくとも、たとえ社会人1年目がコロナ禍であっても、働く気力は保てたでしょう。このケースも【ケース2】のツトムの場合と同様に、**親が子どもに進路を押しつけているところ**が、ハズレガチャに相当します。

【ケース5】ヒロシの場合

ヒロシはユカとカズシゲの父です。現在52歳で中小企業に勤めています。ヒロシは封建的な地域の三男として生まれましたが、「本家とか分家」で騒ぐ親戚や親兄弟が嫌でたまりませんでした。ヒロシの兄が継いだ家業を手伝えと言われたことに反発し、高校を出ると家を離れて就職することにしました。自分の生まれ育った地域社会が嫌いだったので、できるだけ遠くの都市部にある会社を探し、業界ではそこそこのポジションの今の会社に就職しました。就職してからはガムシャラに働いて40歳のときに係長に昇進しましたが、陰で「万年係長」と呼ばれていることを知っています。ヒロシは自分が出世できない理由は、いまだに抜けない訛りと、何より高卒という学歴のせいだと思っています。給料は決して多くはなく、専業主婦の妻と子ども二人の生活は楽ではありません。15年前に購入した家のローンはまだあと20年残っています。定年退職してから年金がもらえるまでには5年あるので再雇用してもらうことを考えていますが、嘱託の給料でローンを払っていけるか不安です。息子の就職活動は芳しくないようです。このまま息子が無職のまま家にいつき、自分が80歳になったときに50歳の息子を養っている姿を想像すると気が滅入ります。

〈解説〉

親が子どもたちを等しく扱わないことは、実はよくあることです。ヒロシのケースでは、封建的な地域ということですから、旧民法で定められた家制度、つまり戸主として家全体の支配権を有することになる長男とそれ以外のきょうだいの間には、親による扱いに雲泥の差があったと思います。大学に行かせてもらうなど、もっての外だったかもしれません。

そうしたいわば「身分制度」が嫌だったヒロシは、家を離れ、都会で就職しました。もしヒロシの両親が「本家とか分家」にこだわらない、きょうだいを平等に扱う人たちだったら、どうだったでしょうか。ヒロシは田舎に留まっていたかもしれませんし、都会に来ていたかもしれません。後者の場合でも、今と同じように学歴や訛り、子どもの教育費などで苦労していたかもしれません。ただし、自分の子どもたちを平等に扱っていた可能性があります。

ヒロシは自分が、自分の子どもたちを不平等に扱っていることを、下の子が女児だという理由で正当化してしまっているのかもしれません。**封建的な親の価値観で将来が縛られたという点でハズレガチャで、その呪縛が、別の形で自分の子にも連鎖しそうになっているのです。**

【ケース6】ミホの場合

ミホは中学2年生です。関東圏でトップクラスの私立中学校に通っています。ミホの両親はどちらも医師です。

ミホの母親は曽祖父の代から続く眼科医院の院長です。ミホの父親も眼科医ですが、こちらは大学附属病院で勤務医として働いています。両親ともに仕事が忙しく、物心ついたときから親にかまってもらった記憶がありません。その代わりに「ミホは将来お医者さんになって、ママの病院を継ぐのよ」と、事あるごとに言われてきました。一人っ子のため、ミホは家でいつも一人でした。

保育園のときには体操教室や家庭教師から運動や勉強を教わり、小学校受験をさせられました。ミホは有名私立の小学校には不合格となり、国立の小学校は抽選でハズレてしまいました。公立の小学校に通うことになりましたが、母親は、「中学受験でリベンジするわよ」と言い、小学1年生のときから塾通いが始まります。

低学年の頃はそんな生活に疑問をもちませんでしたが、5年生になった頃から「何かがおかしい」と思うようになりました。5年生のときのミホの生活は、学校から帰るとすぐに塾へ行き、夕飯は届けられた弁当を休憩時間に食べる毎日でした。塾がない日は個別指導教室に行き、マンツーマンで勉強です。塾や個別指導教室が終わった後も家での課題があり、眠る時間はいつも真夜中になってしまいます。本や漫画を読むヒマはなく、家にテレビもないので、小学校の友達と話題が合わなくなっていきました。虫歯ができるという理由で、お菓子も禁止されました。

中学受験は（親の）第1希望の学校に合格しました。中学生になったら少しは自由になれるかなと思っていたのですが、両親からは「この中学に合格するのがゴールじゃないからね。ここでトップレベルの成績を維持して医学部に入らなくちゃ意味ないんだから、ちゃんと勉強するように」と釘を刺されています。さすがに小学生の頃のように朝から晩まで勉強漬けではありませんが、「成績が下がったら塾に行かせるよ」と脅されています。

ミホは、オンラインゲームが好きです。中学の合格祝いに祖父に買ってもらった高性能パソコンでゲームをしている時間が、唯一の楽しみです。今はまっているゲームは3人でチームを組んで生き残りサバイバルをするシューティングゲームです。ゲームをいっしょに遊ぶ「フレンド」もできました。ゲームで遊ぶのも好きですが、「もっとこんな事がゲーム内でできたら楽しいのに」と思うことがあり、ゲームを作る側の仕事に興味をもつようになりました。

「でも、どうせ私の将来は医学部にいって眼科医になって、ママの病院を継ぐ以外に選択の余地はないんだろうな」と、あきらめのため息をついて、今日も学校の宿題にとりかかります。ときどき気分がすごく落ち込むときがありますが、まだ両親には伝えていません。

〈解説〉

もしミホがSNSで、勉強をしているとき以外の生活を紹介していたら、羨ましいと思う人がいるかもしれません。ミホにはお金がありそう、親が優しそう、家が広くてきれい、食事が豪華、習い事もさせてもらっている、家族で仲よく旅行に行っている……。でも実際のミホの生活は、気の毒なほど勉強漬けです。小学1年生のときから塾通いだったのですから。それも親が決めた職業に就かせるためにです。

中学校に入った後のミホは、成績に関して苦労はないようですが、オンラインゲームの制作という、自分の「好き」を追求する機会はもてそうにありません。保育園のときから医学部入学を目標に据えられてきたミホは、自分の「好き」を追求することを、とうの昔にあきらめてしまっているのです。

ミホのケースは、親が金持ちでもアタリガチャとは限らないことを教えてくれます。ミホが親の言いつけに従順な性格であっただけで、仮にもし、もう少し反抗的な性格だったら、衝突が絶えない家庭となっていたでしょう。ひょっとすると暴力沙汰もあったかもしれません。ならば、両親がミホに対して行っているのは、ソフトな教育虐待とも言えそうです。また、ミホは医学部に行って眼科医になって親の病院を継ぐことに、興味があるわけでもなさそうです。**自分の人生についてなんの選択肢も与えてくれない親**は、どんなに裕福であろうとも、ハズレガチャの可能性があります。

【ケース7】キョウコの場合

キョウコはミホの母です。眼科医院の3代目院長ですが、順当に病院の跡を継いだわけではありませんでした。キョウコには二人の姉がいます。両親に「お前たちの誰かは、眼科医と結婚して婿養子をとるように」と言われて育てられてきました。そのことに強く反発したキョウコは、「自分がこの病院を継いでやる」と決心します。しかし、「医学部に行きたい」と両親に言ったときも、「女にそんなのは必要ない。それよりも花嫁修業しなさい」と言われる始末です。
キョウコは戦略を練りました。「優秀な医者を捕まえて結婚するためには、自分にもある程度の学歴は必要だと思う」と両親を説得し、高校は県内でもトップクラスの進学校に進みました。高校でも猛勉強をして、両親には「記念受験」と称して、医学部受験を目指します。友達との交流ももたずに本当に血のにじむような努力をして、医学部の合格を勝ち取りました。その代償か、中学時代も高校時代も、キョウコには友達が一人もできませんでした。でも、合格すると、両親も医学部への入学は認めてくれ、入学金も学費も払ってくれました。
ところが、医学部に通い始めてから気づいたのですが、医学の講義は全然おもしろくありません。キョウコは、血や臓器を見るのが苦手で、解剖の実習のときなどは嘔吐してしまうほどでした。考えてみれば、両親への反発で医学部に入ってみたものの、本当に自分は眼科医になりたかったのか、疑問に思ってしまうのでした。

〈解説〉

2018年に、女子受験生を不当に差別する医学部不正入試の実態が明るみに出ました。

複数の医学部が、女子受験生の入試の点数から、こっそり一律減点していたという事件です。そこまでして女子を医師にさせたくないのか、と驚いた人も多かったと思います。

キョウコは一世代前の子どもでした。その時代には今よりもひどい性差別が家庭の内外でありました。キョウコには強い反骨精神があり、知恵を働かせて、自分で眼科医院を継ぐことに成功します。でも、キョウコは眼科医になることで、幸せになれたのでしょうか。

金銭的に困窮することはなさそうです。でも、それが自分の「好き」とつながっているかと言うと、難しいように思います。キョウコは親の理不尽さを打ち負かしましたが、それによって得た満足で、苦手なものを見続ける残りの人生を支え続けろ、というのは酷な気がします。

もし、娘たちの誰かが眼科医院を継いでも継がなくてもかまわないから、自分で好きなことを見つけなさいと言われて育っていたら、キョウコはどんな人生を歩んだでしょうか。理不尽さが嫌で、交渉ごとの得意なキョウコですから、法曹の仕事に就いていたかもしれません。子どもがいたとして、その子どもの目標を勝手に定めることもなかったのではないでしょうか。するとキョウコのケースでも、**親が、本当に自分がしたいことを探させてくれなか**

ったというところが、ハズレガチャに相当すると思います。

【ケース8】スズの場合

スズは、ミホのオンラインゲームでの友達です。年はミホより一つ上で中学3年生です。スズたちのやっているオンラインゲームは3人1組でチームを組んで、限られた場所と制限時間で、生き残りサバイバルをするものです。チームメイトは通常、自動割り当てされますが、「フレンド」とチームを組むほうが有利にプレイできます。スズはゲームをいっしょにするフレンドを探すのにとても苦労しました。スズの住んでいるところは都会から遠く離れた島なのです。東京から転校してきた下級生がたまたまスズと同じゲームをしていることが分かり、その子とフレンドになりました。その下級生の東京時代の友達がミホだったのです。

ゲームやショッピングの悩みは、さほど深刻なものではないかもしれません。スズの悩みは高校への進学です。今通っている中学校は通学が不便で、帰りが遅くなるときなどは暗い道には街灯もほとんどなく、怖い思いをして家路に着いています。島内には普通科の高校はー校だけで、もしその高校に行くことになったら今よりもさらに通学が不便になります。とはいえ、親戚の家に下宿させてもらうとか全寮制の学校を選びでもしないかぎり、島外の高校に進学するのは不可能なのです。この島に住んでいる子どもたちの進路選択肢はかなり狭いと言わざるを得ません。

スズのささやかな夢は、大人になったら都会で暮らすことです。朝起きたら通勤電車に乗ってオフィス街に向かい、職場の近くのカフェで朝食をとり、おしゃれなお店でランチを食べて、仕事帰りは同僚とバーでお酒を飲む。休日はショッピングモールや百貨店で買い物をする……そんな生活に憧れるのです。

でも、スズのお母さんはシングルマザーです。一人でスズを育ててくれている母親を島に残して、自分だけ都会に行くことはできないだろうな、と思っています。

〈解説〉

子どもは大人になるまで、親の居住地で過ごすことが一般的です。そのため、親がどこに住んでいるかは、子どもの人生の見通しに大きく影響します。教育、医療、生活必需品、贅沢品、遊び、そして仕事へのアクセスとそのよしあし……。インターネットがあるからと言っても、オンラインでは済まない、済ませられない活動は、教育や医療、遊び、仕事などを含めて、多々あります。

スズにはささやかな夢がありました。平均的な会社員の給料では、スズの理想の平日は月に数回程度しか叶えられないと思いますが、もしスズのお母さんが都会に住んでいたならば、それほど無理せずとも叶えられる夢です。でもスズには、通学に不便な島内の高校に通い、そして島内で就職するという未来が待っていそうです。苦労して育ててくれているお母さんを置いて、島を離れる決意ができなければ。そしてそれをお母さんが後押ししてくれなければ。高校への通学路で犯罪に巻き込まれないとも限りません。

誰も悪くないにもかかわらず、**親の居住地が子どもの可能性を左右する**ことがあります。その意味では、スズもやはり、ハズレガチャを引いたと言えるでしょう。

さて、みなさんはここまでに挙げた8人のケースのうち、自分に近い人はいたでしょうか。次のページのチャートを使って考えてみましょう。

タイプチャート「あなたは、誰のケースに近い？」

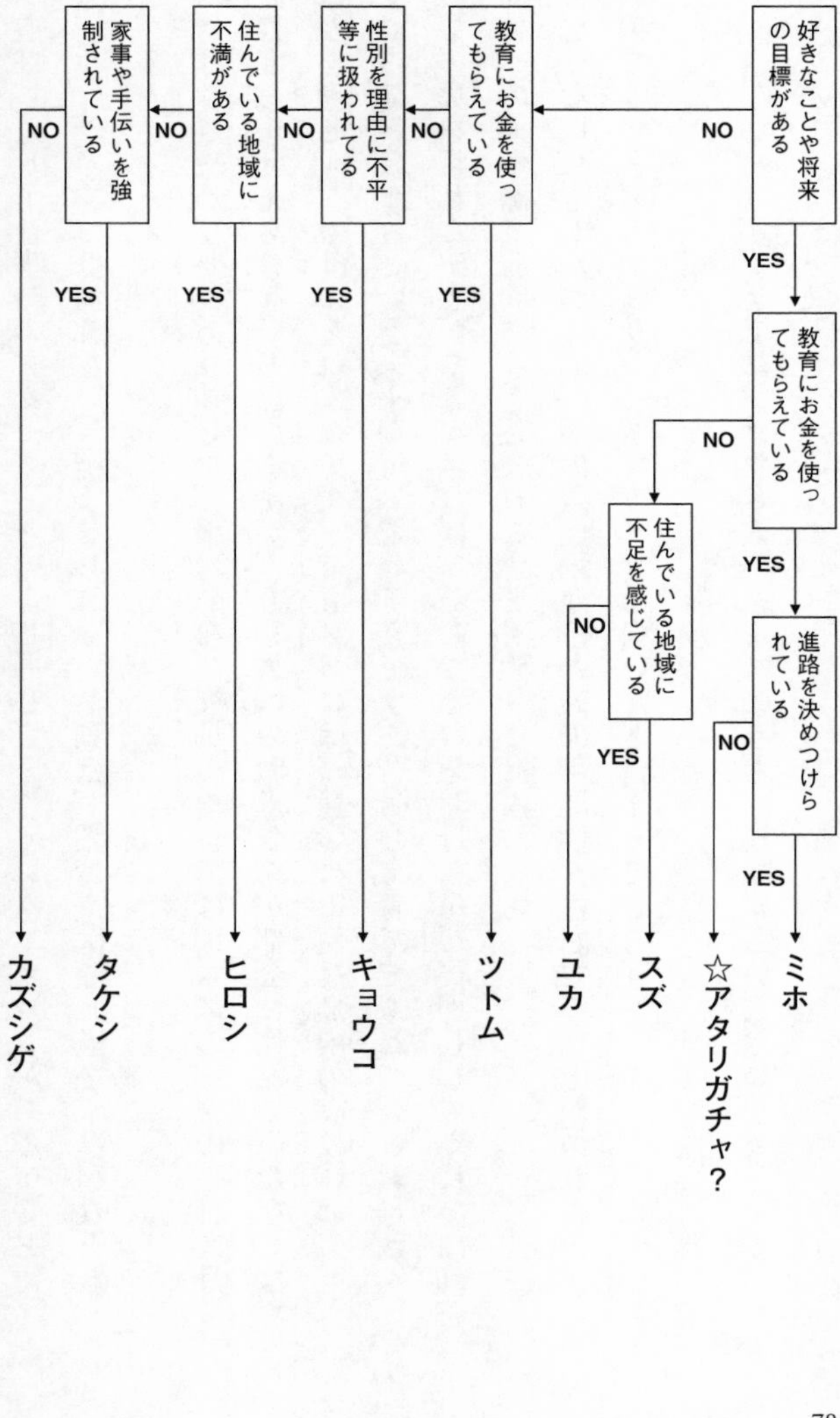

「親ガチャにハズれる」とは

ここまで読んだみなさんは、例に挙げたタケシやスズたち8人が、極端に不幸というわけではないことに気づかれたかもしれません。どれも決して稀であるとは言えないケースであり、読者のみなさんにも多かれ少なかれ当てはまるところがあったのではないでしょうか。

ただ、ここでみなさんに知っていただきたいのは、一見すると「勝ち組」のような人も、ハズレガチャによって人生を左右されていることもあるということです。非行に走る代わりに、やる気を失っていたり、引きこもっていたりするのかもしれません。そして、そうとは気づかずに、その呪縛を再生産しているのかもしれないのです。

このように考えると程度の差はあれ、どんな人も何かしらの「ハズレガチャ」を引いている可能性があります。確かに、人よりも大きなハズレガチャを引いている人を見ると、自分の小さなハズレガチャが気にならないかもしれません。何かしらのハズレガチャを引いたことで、自分より小さなハズレガチャの人たちを羨んだり嫉妬したり、不公平感をもったりして、悩み、苦しんでいるという点ではみんな似ている状態と言えるのです。そしてそれを乗り越えることができたら、と思っているみなさんも少なくないはずです。

ここで、親ガチャにハズれるとはつまりどういうことなのかを、まとめておきましょう。これまで、８人の架空のケースを紹介し、分析してきました。彼らと親（あるいは子）の関係は様々です。親に関心をもってもらえていない子もいれば、親に関心をもたれすぎている子もいます。ロングスパンで過度の期待をかけられている子もいれば、ショートスパンでの子もいます。お金に困っている中でも資金を費やしてもらっている子もいれば、費やしてもらっていない子もいます。お金に困っていない中で好きなことをさせてもらえない子もいれば、特に禁止事項もなく可能な範囲で好きなことをしている子もいます。できることやなれることを性別で決められている子もいれば、そうでない子もいます。いろいろな親がいて、いろいろな子どもがいる。そしてみんな衣食住は整っていて義務教育以上の教育を受けているけれども、みんなそれぞれに幸せそうではありません。

彼らに共通しているのはなんでしょうか。まず親子関係があること。そして誰も互いに憎しみ合ってはいないということです。家庭内に暴力もなく（ツトムはタケシを殴ってしまいましたが）、借金を抱えている人も犯罪者もいません。今のところは家出人もいないし、非行者も麻薬中毒者もいません。傍《はた》から見れば、富裕の差こそあれ、どこもごく普通の家庭です。そして子どもたちはみんな親思いです。親に迷惑をかけないよう、期待に応えるためにそれぞれにがんばっています。幼い頃は親がすべてです。愛着の対象であり、依存の対象です。子どもにとって、親に逆らうことは勇気のいることなのです。

それでも、もし他の親元で生まれ育っていたら、タケシやスズたちの未来は今よりもよい方向に進みそうだと、思わずにはいられません。例えばタケシとツトムの親がもっと子どもの好きなことに関心を寄せて、少しでも時間を割いてあげることができる人たちだったら。タケシは甲子園にタイガースの試合を見に行けなくても、お父さんと公園で一度でもキャッチボールができれば、それだけで「将来の夢」に「プロ野球選手」と書けたかもしれません。あるいはそれで満足して、「料理研究家」や「ヘルパー」と書けたかもしれません。兄ツトムは高校卒業後の進路について両親に尋ねられたら、今の学校で成績が振るわないままでもいいやと思えたかもしれませんし、高校から公立に転校する選択肢も得られたと思います。余裕ができて、きょうだいと過ごす時間も増え、家の中に居場所を見つけられたのではないでしょうか。他の６人についても、同様に想像することができます。

子どもは親元で育つため、どうしても親の影響力が大きくなります。するとハズレガチャとはつまり、**親元で子どもが、自分の「好き」を見つけることが難しいか、それを追い求めることが難しい状況に追いやられている**ことを意味します。ですがここで重要なのは、親と子の人格が別である以上、誰もがハズレガチャを引いていると思い得るし、また言い得るということです。また親を責めたくなるけれども、明らかな虐待のケースを除いて、親を責めることは理不尽な場合があり得るということです。「親ガチャ」という言葉に抵抗がある人が多い理由は、ここにあるのではないでしょうか。

次の章では、どのように生きれば「親ガチャの呪縛」を乗り越えることができるかについて、その手がかりを考えていきたいと思います。

第3章 親ガチャを乗り越えるための哲学

親への恨みに縛られない

最初に申し上げておきたいのは、親ガチャを恨《うら》んで生きるのはよくないということです。親ガチャは、落雷に打たれるのと同じように、人生を左右する偶然性の一部です。落雷に打たれたとき、その落雷を恨んだところでどうしようもないように、親ガチャを恨んでも、どうしようもないのです。

加えて、多くのケースにおいて、親は親なりに子どものことを考えています。虐待などの過酷なケースにおいてさえ、子どもを痛めつけたい、苦しめたいと心底思っているというよりも、余裕がなかったり、自分がされてきたことを子どもにしてしまうといった連鎖が原因であったりするケースが多く見られます。残念ですが、親の考えを変えることは子どもには難しいはずです。生き延びて、その恨みをいつか手放すか、赦《ゆる》すしかないのです。いつまでも親ガチャへの恨みに縛られて生きるのは、自分の人生にとって、とてももったいないことです。恨みは抱えたままでもよいので、読者のみなさんには幸福になってほしい、つまり自分の「好き」を見つけて、それを追い求めてほしいと思います。それが親ガチャを乗り越えるということです。

それでも、親を恨んでしまうことはあります。例えば、親が原因の直接的な被害があるときです。例えば、口が悪い親が、子どもが大切にしている友達や結婚を考えている相手に何かひどいことを言ってしまい、相手との関係が途絶えたとします。自分の「好き」を奪われたときには、「親ガチャを恨んで親を恨まず」というのは、難しいでしょう。そんなきれいごとでは割り切れません。あるいは、ギャンブルによる借金などで首が回らない親が、子どもの貯金やアルバイト料に手をつけて、返してくれないとします。市民社会においてであれば犯罪となり得ることを自分の親が自分に対してしたときに、「みんな親ガチャに苦しんでいる」なんて理由で、流すことはできないはずです。

こういう場合には、どうしたらいいのでしょうか。親への恨みをいったん怒りに変えて、「なぜ自分がこんな目に遭わなければならないのか、世の中不公平だ」という、第1章で紹介した「正義感覚」につなげることもよいと思います。そうすることで、現在の家族制度が抱える問題に関心が向かい、自分と同じような境遇にいる他者のウェルビーイング[※7]にも関心が向くようになるでしょう。

ですが、親を恨むような事態に押し込まれた場合には、そのような余裕はないことが多いものです。そのときは、後ほど第４章で詳しく紹介する「ネガティブ・ケイパビリティ」を発揮するとよいと思います。ネガティブ・ケイパビリティは「宙ぶらりんを耐え抜く力」とされています。子どもは今このときに、親を恨むかもしれません。でも親との関係は、生まれたときから連綿と続いてきたものです。そのような特別な関係を築ける相手は、他にはいません。恨んでもいいので、いったん距離をおいて、訳が分からないままにしておくのも悪くないと思います。

うまくいかない原因を探る

本書では、「幸福」をみなさんが手に入れたいものとして考察してゆきます。ここでは、仮に「ぶどう」を幸福の象徴としましょう。古代ギリシャの寓話作家アイソーポス[※8]（イソップ）の寓話の一つに「狐と葡萄」という話があります。その寓話から「幸福＝ぶどう」をイメージしました。ご存じの方も多いと思いますが、まずは「狐と葡萄」を紹介しましょう。

腹をすかせた狐君、支柱から垂れ下がる葡萄の房を見て、取ってやろうと思ったが、うまく届かない。立ち去りぎわに、独り言、「まだ熟れてない」このように人間の場合でも、力不足で出来ないのに、時のせいにする人がいるものだ。

『イソップ寓話集』（岩波書店）

17世紀フランスの詩人ラ・フォンテーヌ（※9）は、この寓話を次のように言い換えました。

ガスコーニュ生まれのキツネが、ノルマンディー生まれだという人もいるが、おなかがすいて、ほとんど死にそうになっていたとき、ブドウ棚の上に、明らかに熟しきって、紫色の皮に覆われたブドウの実を見た。ぬかりない奴は、喜んでそれで食事をしたかったのだろうが、手がとどかなかったので、「あれはまだ青すぎる。下郎《げろう》の食うものだ」と言った。愚痴をこぼすよりもましなことを言ったではないか。

ラ・フォンテーヌ『寓話』上（岩波書店）

このキツネは葡萄が欲しかったのですが、葡萄は手の届かないところにありました。それで悔しくて、「まだ熟れてない」「まだ青すぎる」などと悔し紛れのことを言ったのです。でも、実際の葡萄は熟れています。おいしそうです。できることなら食べたいでしょう。にもかかわらず、もしこのキツネが立ち去り際に「葡萄なんて好きじゃない」と言ったとすれば、手が届かないという自分の置かれた状況に、自分の好き嫌いを合わせたことになります。キツネは葡萄が好きだけれど、どんなにがんばっても手が届かないという状況においては、「葡萄はまだ酸っぱいので、おいしくないから食べることができない。そもそも自分はそんなに葡萄が好きではない」という思考を巡らせて、葡萄を食べることができない悲しみや怒りを解消するのです。

ノルウェーの哲学者ヤン・エルスター[※10]は、これを「適応的選好形成」と呼びました。自分の好き嫌い(選好)を状況に適応させるのです。このキツネと同じような経験をしたことがある人もいるかもしれません。例えば、学力テストを受けたかったけれど、受験料が高すぎて、受けられなかった。そのとき、「あんなテストを受けても役に立たない」と思ったかもしれません。あるいは、友達を作りたかったけれど、口下手で、誤解されてしまうことが多かった。もしかすると「自分は一人のほうが、気が楽だ」と思ったこともあるかもしれません。

このキツネが葡萄を食べることができなかったのは、キツネが悪かったわけではありません。キツネは葡萄を採ろうと努力したけれど、葡萄が高すぎるところにあったのかもしれないし、妨害物があったのかもしれない。怪我をしていたか体が弱っていて、ジャンプ力が足りなかったのかもしれない。もし踏み台があったら、もし妨害物がなかったら、もし元気だったら、葡萄に届いて、空腹を充たすことができていたでしょう。キツネは精いっぱいがんばったかもしれないけれど、環境や能力に恵まれず、目的が達成できなかったと言えます。

同じように、学力テストが受けられなかったことも、友達ができなかったことも、本人が悪かったわけではなかった可能性があります。学力テストの受験料がもっと安ければ、テストを受けられたかもしれません。また、コミュニケーションの取り方を誰かに教わっていたら、友達を作れたかもしれません。何かしらの「支え」があったならば結果は違った可能性があります。

こうした支えがなかったがために、テストを受けたくても受けられなかったり、友達を作りたくても作れなかったりしたら、残念なことです。それらを本人の責任にするのは酷というものです。ですが、残念で終わらせてはいけません。イソップ寓話のキツネにとっての葡萄のような「ぶどう」は誰にでもあります。何かしらの支えを得ることで、その「ぶどう」を手に入れることはできるのです。

人生をロングスパンで考える

２０２２年の「進研ゼミ小学講座」の調査によると、小学生がなりたい職業ランキングの1位はユーチューバー、2位は漫画家・イラストレーター、アニメーター、3位は芸能人でした。ユーチューバーが1位というのは時代を反映しています。

さて、職業としてのユーチューバーになるためには、そのための準備が必要です。一見すると気軽に就くことができそうな職業ですが、伝える内容を創作し、動画を撮影し、編集し、インターネットに掲載するという作業が必要なため、そのような作業をするやり方を知っていなければなりませんし、またそのような作業をすることができる環境も必要です。果たしてユーチューバーになりたい小学生のうち、ユーチューバーになることを現実的な選択肢としているのは、何割ぐらいでしょうか。親がユーチューバーになるのを許してくれない。パソコンを買ってくれない。映像編集のやり方を学ぶすべがない……。そのせいでなりたい職業をあきらめなければならないとなれば、悲しいし、悔しいことです。

でももし、親ガチャのせいでユーチューバーになれないから人生そのものを腐すという友達がいたら、どう声をかけてあげるでしょうか。まず、「ユーチューバーになるのをあきらめるのはまだ早いよ」と言ってあげるかもしれません。スマホを買う資金がなければアルバイトができる年齢になるまで待つという手もあります。Ｗｉ－Ｆｉがなければ無料でＷｉ－Ｆｉにつなげるところに行くこともできます。また、映像編集のやり方を教えてくれる人がいなければ、ひとまず図書館の本を借りて学んだりすることもできるし、それこそユーチューブを観て学ぶこともできます。

また、「今すぐユーチューバーになる準備を始められないなら家出する」と言う友達には、どんな声をかけてあげるでしょうか。「ユーチューバーになるだけが人生ではないよ」「他にも楽しいことがきっとあるよ」「それに中年や老人になってからでもユーチューバーにはなれるよ」と、励ますのではないでしょうか。

つまり、「ぶどう」を手に入れることができるのは、いまこの一瞬だけではないのです。むしろ時間がかかるのだと思ったほうがいいでしょう。古代ギリシャの哲学者ソクラテスは、「人はいかに生きるべきか」について考えたことで知られています。いまこの一瞬をどう生きるべきかについてではなく、生涯を通じてどう生きるべきかについて、あれこれ思いを巡らせたのです。それほどのロングスパンで考えることは、日々めまぐるしい現代ではなかなか難しいですし、とくに子どものうちは自分が年をとってからの姿や状況を想像しにくいと思います。

生涯を通じて人はどう生きるべきか。それについて考えることのよさについて、20世紀、イギリスの哲学者バーナド・ウィリアムズ[※11]が、以下のように上手にまとめてくれています。

> 古代ギリシャ人たちは、この問がもっている展望の長さに打たれた。それが人間の一生に関わる問であること、また、よい生き方というものは、人生の終わりに、よい生活であったと思えるようなものでなければならないということに、いたく感激したのである。（中略）しかしソクラテスの問はいまなお人の人生を一生涯として、あらゆる角度

から、最後の瞬間に至るまで、反省の対象とすることを要求する。たとえ私たちが、一生がどのように幕を閉じるかということにはもはや古代ギリシャ人ほど重きをおかないにしても。

バーナド・ウィリアムズ『生き方について哲学は何が言えるか』（筑摩書房）

みなさんは、自分の一生がどのように幕を閉じるかに、関心を寄せておられるでしょうか。人間はいつか必ず生命の終わりを迎えます。何らかの事故などで突然のうちに死ぬこともあるかもしれませんが、多くの人は徐々に年老いて、身体と心の自由がかつてほどは利かなくなってゆくなかで、静かにこの世を去っていくのです。

人間は生き物であり、生き物である以上は必ず死ぬ。これは真理です。避けられません。ならば、できれば死ぬときか、せめて心の自由が利く間に、「嫌なこともいっぱいあったけれど、まあまあいい人生だったな」と思うことができれば、それこそが幸福であり、人生の「勝ち組」とも言えます。逆にどんなに地位やお金があっても、SNSのフォロワーがたくさんいる人気者であっても、最後に「いい人生だったな」と思えなければ、それは不幸なのかもしれません。

このように人生をロングスパンで捉えることができれば、いまこの瞬間に一つの「ぶどう」が手に入らなくても大丈夫。10年先、20年先に別の「ぶどう」が手に入ることもあるのです。人生の終わり頃になったとしても、一つの「ぶどう」を手に入れることができれば、それまでの人生の意味が180度変わることさえあるのです。ですので、決して焦る必要はありません。

嫉妬心から自由になる

時間がかかっても「ぶどう」を最後まであきらめない。そのためには他者への嫉妬心から自由になることも大切です。19世紀ドイツの哲学者ニーチェは、「ルサンチマン」というフランス語を用いて、嫉妬心の不毛さを描きました。ルサンチマンは「強者に対する弱者の憎悪や復讐衝動などの感情が内功的に屈折している状態[※12]」のことです。

ニーチェは『道徳の系譜学』という作品の中で、ヨーロッパ文明の基盤であるキリスト教を批判しています。ニーチェの理解では、キリスト教が生まれたのは、当時の権勢者たちに支配されていたユダヤ人が、権勢者たちに復讐すべく怨恨の念つまりルサンチマンを原動力に「神」を捏造した結果です。

つまりルサンチマンというのは、惨めな者、貧しい者、力のない者、卑しい者、悩める者、乏しい者、病める者、醜い者がもつとされる、ネガティブな感情だとされているのです。ルサンチマンに溢れた者たちが、自分たちを羊の群れのような無垢でか弱い者と見なし、徒党を組み、不運に対してはただ慰め合い、祈るだけで天国に行こうとすることをよしとする倫理観を、ニーチェは「奴隷道徳」と呼びました。

仮にニーチェの分析が正しくて、ルサンチマンによってキリスト教が誕生したとしても、何だか話が大きくて、自分に関連づけることが難しいかもしれません。ですが、以下のように考えてみると、ニーチェの思想には現代日本を生きる私たちにとっても、大きな意味があることが分かります。

まず、ニーチェは、こうしたルサンチマンを抱えた人間が「横目を使う」ことを問題視しました。「横目を使う」というのは、こっそり見ていたり密かに媚《こ》びていたりというような、小狡《こずる》さを意味します。ニーチェは次のように述べています。

> ルサンチマンの人間は率直でもなければ質朴でもなく、自己自身にたいし正直でも純直でもない。彼の魂は横目をつかう。（中略）彼は沈黙すること、忘れないこと、待つこと、ひとまず自分を貶し卑下することを心得ている。
>
> ニーチェ『善悪の彼岸　道徳の系譜』（筑摩書房）

ルサンチマンの感情に支配された人は、一見するとへりくだっているようでいて実は小狡いというように、周囲にとっては厄介な、そして本人にとってもよくない、否定的性格を帯びます。もちろん、人には置かれた環境で生き延びるためにそうせざるを得ない場合もあるのですが……。

ニーチェはルサンチマンからまったく自由な「超人」を理想としていました。超人は、自分の生を肯定しているため、他者を卑下することによって自分の自尊心を満たす必要がありません。そのため横目を使うこともなく、ルサンチマンに苦しむこともありません。ただ自分の好きを追求し、遊ぶのです。

でも超人になれと言われても、難しいし、極端な感じさえします。ＳＮＳもやめて、学校や仕事に行くのもやめて、人付き合いもすべてやめて、一人で山にでも籠もらないかぎり、自分を他者と比べる機会はなくなりません。もし誰もが生まれてこのかた、（乳幼児期はオオカミなどに育ててもらうとかして）一人で山に籠る生活をしていたら、寂しいかもしれませんが、親ガチャに悩む人もいないでしょう。ですがこの想像は、あまり現実的ではありません。

落としどころとしては、人と人の間で、つまり人間として、他者を貶めずとも自分の生を肯定して生きていけるようになることです。ニーチェが生きた時代は、科学技術の進展もあり、キリスト教の神だけではなく、人間に価値を与えていたとされる超越的なものの権威が失われつつありました。拠り所を失いつつあった人たちは、思想や行動の基準に何を据えたらよいのかが分からず、「ニヒル」（虚無）に溺れてしまう可能性がありました。ニーチェはそのような、時代に溺れそうな人々を救いたいと思い、「超人」という生き方を説いたのです。「超人」は、「自分で新たな価値を創造できる人」のことです。虚無に陥ることなく、ただひたすら明日を迎えることのできる人のことです。ニーチェはそのような人を、子どものような存在だとも言います。

幼子は無垢だ。忘れる。新たな始まりだ。遊ぶ。みずから回る輪だ。最初の運動だ。聖なる「然り《ヤー》を言うこと」だ。そうだ《ヤー》、わが兄弟たちよ。創造という遊びのためには、聖なる「然り《しか》を言うこと」が必要だ。ここで精神は自分の意志を意志する。世界から見捨てられていた者が、自分の世界を獲得する。

ニーチェ『ツァラトゥストラかく語りき』(河出書房新社)

超人の具体像は、ニーチェの名作『ツァラトゥストラはこう語った』に登場する主人公、ツァラトゥストラです。ツァラトゥストラは素っ頓狂な人ですが、とても一生懸命に生きている人です。

ニーチェは幼い頃から才能に溢れ、人脈にも恵まれて、若くしてスイスの大学の古典文献学の教授に就任しました。ですが仕事でのつまずきをきっかけに体調を崩し、友人・知人からも疎遠にされ、失意の日々を送ります。そのような中で書かれたニーチェの作品には意味が取りにくいものもありますが、それらからはニーチェが、人生を肯定して生きることの大切さを伝えようとしていることが感じられます。

私たちは人と人の間で生きているので、どうしても自分と他者を比べたり、誰かによって比べられたりしてしまうことがあります。

政治学者の丸山眞男は、福澤諭吉の『文明論之概略』を論じる中で、福澤が日本人の間にある「猜疑嫉妬の心」（福澤の『学問のすすめ』では「怨望」と表現）を問題視していたことを紹介しました。福澤はこの「猜疑嫉妬の心」（怨望）を諸悪の根源としていますが、それが生まれる原因について次のように述べています。

怨望が、人間社会の中で害があることは以上に見たとおりだが、それが生まれた原因は、と考えてみると、それはただ「窮」の一事に尽きる。この場合の「窮」とは、困窮とか貧窮というときの「窮」ではない。言論の自由をふさぎ、行動の自由を妨げるというように、人間の自然な働きを行きづまらせる「窮」なのだ。

福澤諭吉『学問のすすめ』（筑摩書房）

丸山によれば福澤の言う「怨望」は、言論の自由や行動の自由が制限されている社会の中で、自分の自由が利かないために、成功したり秀でていたりする他人を羨み恨むことを意味します。

時代が変わっても、丸山が説明する次の福澤の考え方は、今なお有効だと思います。

……福沢は、人間のいろいろな素質はみな相対的で、よいもわるいも表裏一体だとみる。節倹と貪吝《たんりん》、勇敢と粗暴、怜悧と軽薄、というように、その素質の具体的な状況での働き方によって、徳ともなり、不徳ともなるというのが福沢の考え方の特色ですね。ところが唯一つ、絶対悪というものがある。それが怨望だというわけです。全くネガティヴな価値で、そこからは生産的なものは何一つ出てくる契機がない。

丸山真男『「文明論之概略」を読む』上（岩波書店）

福澤は、自由があるかないかで、自由がない人のほうが怨望に支配されやすいとも述べています。第1章で、よい嫉妬心と悪い嫉妬心の区別をしました。ここで福澤や丸山が絶対悪としているのは、先の区別で言えば悪い嫉妬心に相当します。ニーチェのルサンチマンも悪い嫉妬心だと言えます。

自分を向上させるのではなく他者を貶め不幸にすることで溜飲を下げても、何も変わりません。「ぶどう」をあきらめないために嫉妬心から自由になることも大切なのです。

希望を捨てずアンテナを張る

これまで、みなさんにはそれぞれ手に入れたい「ぶどう」があるという前提で見てきました。その「ぶどう」を手に入れるためには、時間をかけ、自分を肯定し、他者への嫉妬心から自由になる必要があります。しかし、目の前に手に入れたい「ぶどう」がない場合は、どうしたらよいでしょうか。現実的な選択肢が少ない場合には、「将来の夢」を思い描くことすら難しいことがあると思います。

ここで、トム・ハンクス主演の『キャスト・アウェイ』という映画を紹介しながら、考えてみたいと思います。この映画は、アメリカの国際宅配会社にシステムエンジニアとして勤務していた主人公が、飛行機事故で南太平洋に墜落し、無人島でたった一人、4年間の月日を生き延び、イカダを作って島を脱出し生還するという架空の物語を描いた作品です。主人公は島に流れ着いた自社のお客さんの宅配荷物の（ウィルソン社製の）ボールをウィルソンと呼び、そのボールに自分の血で顔を描き、常に話しかけながら、過酷な状況の中を生き延びます。

さて、この主人公は、何もない絶望的な状況の中で、恋人と再会して結婚するという「ぶどう1」と、島に流れ着いた自社のお客さんの宅配荷物のうち、箱に天使の羽が描かれた荷物だけはなんとしても自分で配達するという「ぶどう2」を見つけました。

この二つの「ぶどう」を見つけたために、主人公は孤独に耐え、知恵を働かせ、勇気を振り絞り、生還することができたのです。そして生還後に「ぶどう1」は実現できませんでしたが、それでも〈ただ生きて息をしていれば、潮が何か運んでくる〉という、無人島時代のポジティブ思考が身についていたため、あきらめることなく「ぶどう2」を入手することができるのです。

この「ぶどう2」を手に入れた主人公には、新たな「ぶどう」が生まれていきます。ですが、もしこの主人公がそもそもなんの「ぶどう」も見つけなかったならば、無人島で生き続ける気力すら保てなかったでしょう。このように、一見、関係ないものだと思っても新たな「ぶどう」につながる可能性があるのです。目の前に「ぶどう」がなければ自分だけの「ぶどう」を見つければいいのです。

しかし、一歩を踏み出すためのイメージがわかないこともあります。ロールモデルが身近にいない場合、自分の「ぶどう」は簡単に見つからないこともあるでしょう。

また、親ガチャの結果、とにかく自分が置かれた環境から離れることしか考えられない場合もあるでしょう。果たしてそこに「ぶどう」はないのでしょうか？　そんなことはありません。現状から離れるという「目標」も立派な「ぶどう」の一つです。他にはどのように「ぶどう」を見つければよいのでしょうか。親や他者からの関心も、お金も時間もないとき、それでも自分の「ぶどう」を見つけられるのでしょうか。

一番手っ取り早いのは、自分の好きなもの、得意なものを書き出してみることです。単純ではありますが、自分を見つめる時間をとることで、忘れていた「好き」や「できる」を思い出すこともあります。あえて言えば、というのでもいいと思います。それによって、自分を少しばかり奮い立たせることになります。自分には好きなものがある、得意なものがあるとの確認作業は、「ぶどう」を見つける上でプラスに働きます。

例えば、こういう経験がある人はいませんか。「洋楽にまったく関心がなかったけれど、ユーチューブでなんの気なしに、サビの部分だけを集めた洋楽100選を見ていたら、あるバンドの曲がとても気に入った。それ以来、お金を貯めてはそのバンドのCDを買い集めている。最近は他の洋楽にも関心が出てきた。歌詞の意味を知りたくて、スマホで英単語を調べたりしている」。洋楽が好きでよく聞いていても、職探しやお金儲けにはつながりませんが、好きなものがあるというのは、自分を幸せな気分にしてくれます。いつかはそのバンドのコンサートに行ったり、同じ趣味の仲間といっしょにそのバンドや洋楽一般について熱く語り合ったりする日が来るかもしれません。

他にも、本にはまったく関心がなかったけれど、暇つぶしに公立図書館に行っていろいろな棚を見ていたら、たまたま釣りに興味をもった。中古で最低限の道具を揃えて、自転車で行ける釣り場に行くようになった。無料でこんなに楽しい遊びがあるなんて、やってみるまで分からなかったので、SNSに投稿を始めたところ、同じ趣味の仲間ができて、ときどきオフ会をしている。いざというときには、魚を釣って食べていける自信がついた、なんてこともあるかもしれません。

どうにもならない現状から離れてみて、その上でよい人生を送りたいと、軽やかにアンテナを張っておけば、どこかで「ぶどう」は引っかかってきます。大事なのは、そのときのために備えておくことなのです。

人生は一度きり。自分とまったく同じ視座で世界を見ている人は他にいないのですから、自分の「ぶどう」がなんであるかを誰よりも分かるのは自分です。だから〈あなたのためだから〉という他者の思いやりは、受け取れる範囲で受け取る程度にして、自分で見つけた「ぶどう」を大切にしましょう。

ただし、自分の「ぶどう」を追求したり実現したりしたために、法律に違反したり、他者を傷つけてしまうのは考えものです。人は自分の目的をかなえることに夢中になり過ぎると、他者をそのための手段・道具として扱うことに躊躇しなくなりがちです。ですが、他者を自分の目的をかなえるためのモノとしてのみ扱うことは、倫理的にはアウトです。なぜなら、人は誰しも自尊感情があり、他者が土足で踏み込んではならないスペースを必要としているからです。

18世紀ドイツの哲学者カント(※13)は、このようなスペースの源泉を「尊厳」と呼びました。人間をはじめとする理性的な存在者には「人格」があり、この人格がある存在者には尊厳があるとしたのです。この尊厳は決して踏みにじられてはならないもので、何か他のものと交換したり、その欠損を何か他のもので埋め合わせたりすることはできません。

自分に「尊厳」があるように、他者にも「尊厳」があります。自分の「尊厳」が尊重されると嬉しいように、他者もその「尊厳」が尊重されると嬉しいでしょう。反対に、自分の「尊厳」が毀損されると悲しく腹が立つように、他者もその「尊厳」が毀損されると悲しく腹が立つのです。この尊厳をお互いに尊重することが、他者とのつながりを育む上で基本となります。

ただし、人には土足で踏み込んではいけないスペースがあるといっても、どこまでがOKでどこからがアウトなのかは、一概には言えません。それは人によって違うものであり、また互いの関係性に応じても異なるものだからです。そのため一応の指針として大切にしたいのは、「人に迷惑をかけない」ということだと考えます。これを哲学的に言えば、人は他者に「危害」を加えない限り自由にしてよいという、19世紀イギリスのジョン・スチュアート・

ミル（※14）が提唱した「他者危害の原則」という考えにつながります。自分のどのような言動が他者に「危害」を加えるのか。難しいことですが、基本的にはこの「他者危害の原則」に則りつつ、微妙な線引きについては、日々の暮らしの中で、他者とのコミュニケーションの中で学んでいくしかありません。

自分が自分の「ぶどう」を大切にするように、他者もその人自身の「ぶどう」を大切にしています。他者の「ぶどう」がどうしても好きになれない、理解できない、さらには気に障るという場合もあるでしょう。でも、それはお互い様です。誰でも「他者危害の原則」に反しない限りにおいてどんな「ぶどう」でも自由に追求できる社会のほうが、そうでない社会よりも断然よいのです。

なぜなら自分の「ぶどう」を奪われていたり、あきらめさせられていたりする人は、とにかく「ぶどう」を追求することが自由にできている他者が許せない気持ちになります。そういう感情がルサンチマンとなり、他者を不幸にし、結局は自分をさらに不幸にするからです。自由がない人のほうがルサンチマン、つまり悪い嫉妬心に支配されやすいということを、忘れないようにしましょう。

なんのために生きるのかを考える

本書では、自分の「ぶどう」をあきらめないことをテーマとしています。「ぶどう」は幸福のメタファー（喩《たと》え）です。自分の「ぶどう」をあきらめずに生きる。死ぬそのときまであきらめない。思い通りにいかない人生だったとしても、「ぶどう」の大きな房を手に入れることができない人生だったとしても、最期のときの手前で1粒の「ぶどう」が手に入れば、その瞬間に人生の意味が一変するかもしれません。「ああ、よい人生だったな」と思えるかもしれないのです。

生涯を通じてどう生きるかを考えたのはソクラテスでしたが、なんのために生きるのかを考えたのは、ソクラテスの孫弟子のアリストテレスでした。アリストテレスは、人間が何かをするときそこには目的があり、その目的の先には別の目的があり、またその目的の先には……というように目的の系列を上ってゆくと、究極の目的である最高によいもの（最高善）に到達すると述べました。そのように生きることこそが幸福（エウダイモニア εὐδαιμονία）であり、幸福こそ人生の究極の目的であると述べたのです。今日の倫理学の基礎と言われる

『ニコマコス倫理学』において、アリストテレスは次のように述べています。

ところで、金儲けをする人の生活はやむをえず行なわれるものであり、また富は明らかに、われわれの求めている善ではない。なぜなら富が有用なのは、富以外のことのためだからである。それゆえむしろ（中略）名誉や徳を人は目的とみなすかもしれない。すなわち名誉や徳はそれら自体のゆえに愛好されるからである。しかし、名誉や徳でさえ目的でないのは、明らかである。

アリストテレス『ニコマコス倫理学』（京都大学学術出版会）

アリストテレスによれば、富も名誉も徳も、すべて幸福のための手段に過ぎない。そして幸福は刹那的なものではなく、生涯を通じて追い求めるものです。

でも、手段とされているものを手に入れること自体が幸福とイコールになる場合もあり得ます。現代で言えば、高所得者になったとして、そのお金で何も買わないまま人生の最後を迎えたとしても、幸福であり得るのです。本人にとって手に入れたいものは、すべて「ぶどう」であり得るということです。例えば、Ａさんにとって富は「ぶどう」だけれど、Ｂさんにとってはそうではない可能性があります。また、Ｂさんにとって名誉は「ぶどう」だけれど、Ｃさんにとってはそうではない可能性もあります。ですが、３人ともそれぞれの「ぶどう」を手に入れることができれば、３人とも幸福だと言えるのです。

「ハズレガチャ」を乗り越えるためには「ぶどう」が重要であることが、ここまでで少しお分かりいただけたかと思います。次の章では「ぶどう」をあきらめないですむためにはどうしたらよいのか、そして「ぶどう」が、人と人の間で生きる自分だけではなく他者にも行きわたるための条件について、少し哲学的な概念を使って述べたいと思います。

第4章
すべての人が幸せになる社会の条件

正義にかなった社会に必要な三つの原理

意外に思われるかもしれませんが、「親ガチャ」という考え方は、アメリカの哲学者ジョン・ロールズが唱えた正義論にも見出すことができます。2021年はロールズ生誕100周年、そしてロールズの主著『正義論』刊行50周年ということで、ここ日本でも、ロールズの名前を見聞きすることが比較的多くありました。そして2022年に始まったロシアによるウクライナ侵攻の際も、正しい戦争とは何かをめぐって、ロールズの「ヒロシマから50年」という論文が再び話題になりました。

ですが、ロールズの『正義論』がテーマとしているのは正戦論、つまり「正義にかなった戦争のあり方」ではなく、社会正義論、つまり「正義にかなった社会のあり方」です。では、ロールズの考えた「正義にかなった社会」とは、どんな社会なのでしょうか。まず、次の三つの原理（条件）があります。

① 誰もが他者と同じ種類の自由を同じ幅でもっていること（基本的諸自由の平等の原理）

例えば、Aさんには移動の自由（たとえば引越し）が許可されているが、Bさんには許可されていない場合、AさんとBさんには同じ種類の自由がありません。また、もしBさんにも引越しが許可されたとしても、Aさんが好きなときに何度でも引っ越しができるのに比べて、Bさんは生涯を通じて1回しか引越しが許可されていないとしたら、AさんとBさんの引越しの自由の幅は同じではありません。

ロールズが考える「正義にかなった社会」においては、**人々に同じ種類の基本的自由が同じ幅だけある**ことが要求されます。

② 何かに挑戦するときに、誰もいわれのない理由で拒絶されたり不利益を被ったりしないこと（公正な機会均等の原理）

例えば、表向きは性差別のないオーケストラの入団審査で、CさんはDさんよりもバイオリン奏者として優れているのに、特定のジェンダー（性別）を理由に減点されてしまい、Dさんのみが合格した場合、Cさんはいわれのない理由で不利益を被っていることになります。

ロールズが考える「正義にかなった社会」においては、いわゆる**機会均等が実質的で、フェア（公正）になされていること**が要求されるのです。大学入試などについても同じことが言えます。

③ 経済的・社会的な不平等は、最も不遇な人々の最大の利益になる場合にのみ、認められること（格差原理）

例えば、会社員の平均年収とプロ野球のトップ選手の平均年収には大きな格差がありますが、その格差が道徳的に認められるのは、プロ野球のトップ選手が会社員よりも多くの所得税を納めることで、社会保障制度を下支えする場合です。

このように、ロールズの考える「正義にかなった社会」においては、**最も不遇な人々の最大の利益になる場合にのみ、**経済的・社会的な不平等は認められます。

ロールズはこれら三つの原理の間に、①「基本的諸自由の平等の原理」>②「公正な機会均等の原理」>③「格差原理」という優先順位をつけています。「格差原理」よりも「公正な機会均等の原理」が、そして「公正な機会均等の原理」よりも「基本的諸自由の平等」が、重要であると考えたのです。

さらに、ロールズは「格差原理」と「公正な機会均等の原理」をまとめて「第2原理」とし、「第1原理」とされる「基本的諸自由の平等の原理」よりも優先度において劣るものとしました。これは「自由の優先権」と呼ばれています。

では、それほどまでに重要とされている基本的諸自由とは、どのようなものでしょうか。

ロールズは次の自由などを挙げています。

・思想の自由と良心の自由
・言論の自由と結社・集会の自由
・政治的な自由（投票権や公職就任権）
・人格の自由（心理的抑圧および身体への暴行・損傷からの自由を含む）
・（法の支配の概念が規定する）恣意的な逮捕・押収からの自由など

こうした自由は、日本国憲法でも規定されていますので、なじみのある読者もおられるでしょう。

ロールズによれば、これらの基本的諸自由はたとえ公正な機会均等の原理や格差原理の理念遂行のためであっても制限されてはならない、非常に重要なものなのです。

ただしロールズは、正義にかなった社会では社会的最低限の暮らしも保障されると考えました。くだんの自由に加えて、機会、所得と富、さらには「自尊の社会的基盤」[※15]を「**基本財**」として、誰もがそれらを少なくとも社会的に最低限の水準でもてるように、社会の基本構造（例えば、法制度、政治制度、経済制度、税制度、社会保障制度、家族制度など）を整えることを提唱しました。一般に、ロールズ正義論が福祉国家の哲学的基礎として知られているのはこのためです。

基本財としては、所得がイメージしやすいと思います。今の時代、お金がないと生活が成り立ちません。食べたり、冬の寒さをしのぐために暖を取ったり、寝床を整えたりといった基本的な衣食住から始まって、学校に行ったり、塾に行ったり、ゲームをしたりするにも、お金が必要です。

また、就活、婚活、妊活、終活といった様々な活動にも、お金が必要です。病気になったら病院にも行きたい。こうした活動において必要とされるお金が、社会的に最低限の水準で全員に行きわたることを、ロールズは主張しました。そして所得だけではなく、他の基本財についても、同様のことを主張したのです。どのような「ぶどう」を追求しようとも、人生においてはこうした財が大きな意味をもつと、ロールズは考えたのです。

要するに、社会の基本構造において先の三つの原理が満たされているときに、その社会は正義にかなっていると考えるのが、ロールズ正義論なのです。

「親ガチャ」の何が問題なのか？

では、なぜロールズはこのような正義論を唱えたのでしょうか。それは、ロールズが「ガチャ」という言葉こそ用いないものの、現代日本でいう親ガチャを含む様々なガチャ、つまり偶然性によって人生にもたらされる悪影響や不平等が、社会によって放置されていることを憂慮したからだと言えます。

ロールズは、社会の経済制度として自由経済システムを念頭に置いていましたが、社会において最も不遇な人々を競争の「負け組」とは見なしませんでした。むしろ、彼らをガチャの結果、不利な環境に置かれた人々、つまり競争の公正な（フェアな）スタート地点に立つことができなかった人々と見なしました。実際、『正義論』という本でも、「生まれ落ちた家族および階級が他の人々よりも不利な人々」を、社会において最も不遇な人々に含まれるとしています。より具体的には次のように述べています。

各自の社会生活のスタート地点に私たちは値しない（＝おのおのそれ相応の価値があるから出発点を与えられたわけではない）のと同様、生まれもった賦存の分配・分布における それぞれの境遇に私たちが値するものでもない（＝そうした境遇を占めてしかるべきではない）。〈おのれの能力を磨き上げる努力を可能とする優秀な性格特性を、私たちは受け取るに値する〉というのも同じく疑わしい。なぜならば、そのような性格特性を持てるかどうかは人生の初期においてどれほど裕福な家族のもとで育つか、どのような社会情況に囲まれるかによって、大きく左右されるのであって、そうした家族や社会情況を手に入れたのは、自分たちの手柄（credit）によるとは主張できないからである。

ロールズ『正義論 改訂版』（紀伊國屋書店）

ややこしい文章ではあるのですが、この引用文にあるように、ロールズは〈がんばることができるかどうか〉ですら、親ガチャを含めたガチャ（偶然性）の結果であるとしています。

「そのような性格特性を持てるかどうかは人生の初期においてどれほど裕福な家族のもとで育つか、どのような社会情況に囲まれるかによって、大きく左右される」と述べています。

ただし、ガチャの作用は、人生の初期だけにあるのではありません。その後の人生の中でも、「運」として、ときに大きな影響力をもって生じてきます。自然災害の影響で、家を失ったり学校を中退したりする人がいることを想起してください。病気になって働けなくなることもあります。誰もが「運」に打ち負かされる可能性があるのです。そのためロールズは、偶然性の結果を個人の功績や責任として放置するのではなく、誰もが少なくとも社会的最低限の水準で生活していけるよう社会を整えることが、正義にかなっていると考えました。自分が誰であってもそこそこの暮らしができる社会を、よい社会だとしたのです。

ここで注意したいのは、ガチャの現れそのものは、正しいわけでも、不正なわけでもないということです。

親ガチャという観点で言えば、特定の親の存在が悪いわけでも、特定の親元に生まれた子どもの存在が悪いわけでもありません。そうではなく、ガチャがもたらす悪影響や不平等を社会が放置しておくことに不正があると、ロールズは考えたのです。

平等とは何か？

では、ここで正義にかなった社会における平等とはどういう状態を言うのかについて、対談でもご紹介した「ケイパビリティ」という概念を用いて考えを深めたいと思います。ここでは、ケーキを3人に正しく切り分けるという事例を使って、ケイパビリティ以外の概念も含め、いくつかの観点で正しく切り分けるやり方を見てみましょう。

① 基礎学力の観点

まず基礎学力の観点からは、ケーキを3人に等分に切り分けることが正解になります。丸い円の中心から次のページの図1のaのような線で切り分けるのです。これは3等分の切り方として、特に異論や違和感はないと思います。ちなみに『ケーキの切れない非行少年たち』（新潮新書）では、少年院の少年たちにケーキを3等分する問題を出したところ、正確に等分に切り分けることができなかったというショッキングな内容を提示していますが、もし図1のbのような切り方をする子どもがいれば、それは発達の遅れや認知機能の弱さの課題として捉えられます。

では、次に哲学的な観点で3人に正しく切り分けるとどうなるでしょうか。必ずしも図1のaで切り分けることが一般的な正解ではないことが分かります。なぜなら問題となるのは、ケーキを3人に「等しく切り分ける」ことではなく、3人に「正義にかなった仕方で切り分ける（分配する）」ことだからです。

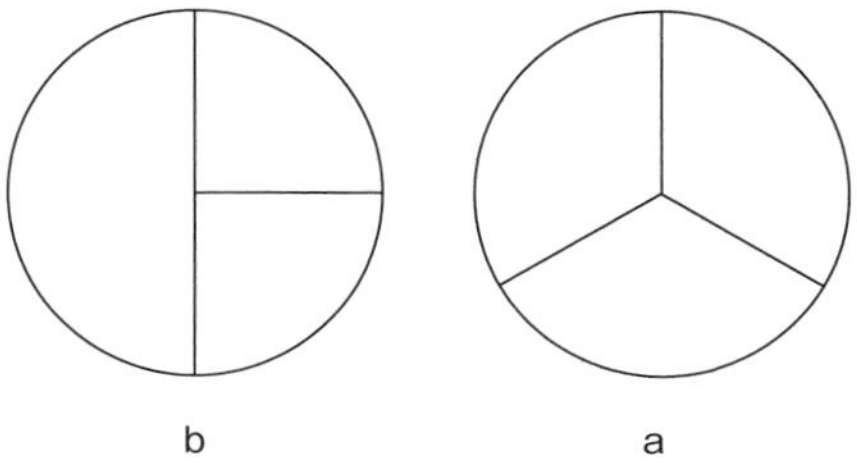

図1

② 身分や功績を基準とする観点

古代ギリシャの哲学者アリストテレス的には、それぞれの身分や功績に応じて切り分けることになります。もしアリストテレスがケーキを3人に正しく切り分けなさいという問題を出されたら、まずこう質問を返すでしょう。

「その3人とケーキの価値が分からなければ、正しく切り分けるなど不可能だ」

どういうことでしょうか？

アリストテレスは、何かを分配するときには、**相手が有している価値、例えば身分や功績に応じて分配する**ことが正しいと考えました。ここで丸いケーキのどの部分の価値も同じだと仮定しましょう。この場合に、例えば3人の身分が同じ場合には、「ケーキは3等分にする」のが正しくなります。もし3人の身分が異なり、3：2：1という身分上の価値がある場合には、ケーキも3：2：1のサイズで切り分けることが正しくなります。

これを労働者の功績で考えると、次のようになります。あるケーキ店に3人のパティシエがいて、それぞれ店の売り上げに6：3：1の割合で貢献しているとします。すると売り上げから給料として支払われる総額は、功績に応じてそれぞれに6：3：1の割合で分配される。これは、現代の功績主義（メリトクラシー）の考え方でもあります。

アリストテレスが生きていた当時のギリシャの都市国家アテナイでは、戦争を勝利に導いた功績に応じて、兵士に戦利品が分配されました。その結果、そもそも戦争に参加することのできない身分の人や、味方を利する優れた働きをなし得るような機会に乏しい人は、分け前にあずかれなかったのです。

③　必要を基準とする観点

社会主義・共産主義思想で知られる19世紀ヨーロッパのカール・マルクス[※16]的な考え方では、ケーキを正義にかなった仕方で3人に切り分けると、**それぞれの必要に応じて切り分けること**になります。もしマルクスがケーキを3人に正しく切り分けるにはどうするかという問題を出されたら、こう答えるはずです。

「その3人がどれくらいケーキを必要としているかを説明してもらわないと、正しく切り分けることなどできない」

マルクスの有名な言葉に「各人はその能力に応じて、各人にはその必要に応じて」があります。労働者は能力に応じて働き、必要に応じて受け取るという意味です。仮に問題のケーキはそのケーキを作れる人によって作られたとすると、3人にはその必要に応じて切り分けることが正義にかなっていることになるので、それぞれがケーキをどのくらい必要としているかで分ける大きさを判断することになります。極端に言えば、とてもお腹が空いている人と、お腹はいっぱいだけれども味見はしてみたい人と、ケーキは嫌いな人がいる場合に、ケーキは9：1：0の割合で切り分けてもよいはずです。

ただし、人間の必要（ニーズ）はこうした物質的種類のものに限りません。現代の哲学者・政治家であるマイケル・イグナティエフは、『ニーズ・オブ・ストレンジャーズ』（風行社）という本の中で、人間には他者から愛され尊重されることへのニーズや、魂が必要とするものへの宗教的なニーズ、また特定の社会や国家に帰属することへのニーズなど、多様なニーズがあることを描いています。こうしたすべてのニーズを考慮に入れてケーキを切り分けることは現実的ではないため、必要に応じて切り分ける場合には、どの必要を基準とするのかを明確にしなければならないでしょう。

④　格差原理を基準とする観点

先ほど説明したロールズ的にはどうでしょうか。ロールズは「手続き的正義」と呼ばれる手続きの公正さを重視していたので、「自分が最後に取ると仮定して切り分ける」もしくは「自分にどのケーキがくるか分からないと仮定して切り分ける」となるでしょう。その場合は、基礎学力の観点と同じ結果になると思われます。ですが、先ほど紹介したロールズの格差原理的には**最も不遇な人々の最大利益になるように切り分ける**となるかもしれません。この場合、「最も不遇な人々」とは具体的に誰を指すのかが問題です。

ロールズは、政策的観点から、所得が最も低い人々を「最も不遇な人々」としました。把握しやすいからです。そうであれば、3人のうち最も所得が少ない人の最大利益になるように切り分けることが正義にかなっていることになります。この場合、その人の「利益」がなんであるかによっても、切り分け方は変わってきそうです。大きいピースを自分がもらえることが利益なのか、他の人がたくさん食べて喜ぶ顔を見ることが利益なのか……。いずれにしても、当人がどうしたいのかを聞いてみなければなりません。

⑤　ケイパビリティを基準とする観点

さて、ここで問題が生じます。当人がどうしたいのかを聞くとしても、当人が控えめな人であったり、病気でケーキを食べられなかったり、ケーキを食べることを禁止されているとき、誰もケーキを欲しがらないということがあり得るからです。その場合、誰も欲しがらないからといって、ケーキを切り分ける係の人が独り占めしてしまってもよいでしょうか。

状況を具体的に把握するために、第2章の例の8人の中で、スズを除く三つの家庭から最も所得（正確には期待される所得）が低いだろう3人を例に考えてみましょう。タケシとユカとミホです。この3人の中ではタケシの家の所得が最も低いとします。タケシはとても控えめな子どもで、自分は贅沢をしてはいけない、ケーキをもらうには値しないという思い込みがあるので、「自分にはケーキはもったいないです」と言うとします。次はユカです。ユカはお菓子が大好きだけれども、乳製品アレルギーがあるため、ケーキは食べることができません。最後はミホです。ミホは虫歯になるという理由でお菓子を食べることが禁止されているため、やはりケーキを食べることができません。

この場合、どの子どももケーキを切り分けてもらえないという結論には、何かしら理不尽なところがあります。なぜなら、3人ともお腹がいっぱいだったり、ケーキが嫌いだったり、虫歯をつくらないために食べないことを自分で決意しているわけではないからです。この理不尽さに目をつぶらないのが「ケイパビリティ」を基準とする考え方です。

まだケイパビリティとは何かについて説明していませんが、先にケイパビリティの基準ではどう切り分けるかについて回答すると「3人が等しく幸福を追求できるように切り分ける」となります。人はなぜケーキを食べるのかと言えば、ケーキを食べておいしいという満足を得るためです。

私たちは、自分の「好き」（ぶどう）を見つけてそれを追求することが、幸福だと定義してきました。ケーキを食べることは刹那的な満足をもたらしてくれますが、もしも仮にケーキを食べることを生涯の目的としていた人がいたとして、その人が人生最期にケーキを食べることができれば、その人の人生は幸福だったとも言えます。いずれの場合も、自分がケーキを好きかどうかは、食べてみなければ分かりませんが、「食べる」という目的は達せられたことになります。そのため「ケイパビリティ」を基準とする場合には、3人は「ケーキを食べようと思えば食べることができるのか」に着目します。

タケシの場合には、適応的選好形成があるので、「自分はケーキを食べるに値するのだ」という自己肯定感をもってもらい、ケーキを食べることができるようになってもらう必要があります。ユカの場合は乳製品アレルギーがあるので、乳製品を用いない種類のケーキを代わりに用意してあげることができます。そしてミホは虫歯ができるという理由でケーキを食べることを禁止されているので、その禁止をたまに破っても歯磨きすればなんら問題はないことを分かってもらいます。そうして3人にはまず、「ケーキを食べようと思えば食べることができる」状態になってもらうのです。

「ケイパビリティ」を基準としてケーキを切り分ける場合には、それぞれ先のような条件を整えた上で、**幸福を追求するための「基本的ケイパビリティ」（132頁参照）が3人の間で等しくなる**ようにします。したがって、ケーキの分配は何がその基本的ケイパビリティであるかに依存するのですが、例えばこの段階で一つ挙げるとすれば、「飢餓や低栄養の状態になく、健康であり得ること」も「基本的ケイパビリティ」の一つと言えるでしょう。そして、もしこのことだけに着目してケーキをエネルギー源として切り分けるとすると、3人の栄養状態をチェックし、その状態に応じて切り分けることが正義にかなっているのです。

今、見てきたように「ケイパビリティ」とは、**何かをしようと思えばできる、つまり何かをしたり何かになったりするための実質的な自由（現実的な選択肢）**を意味します。英語ではcapability。私たちは、このケイパビリティ、つまり自分の「ぶどう」を手に入れるための力、幸せになるための力を個々人が獲得できるようにするにはどのようにすべきかを考えていく必要があります。それを考える前に、経済学者のアマルティア・センと哲学者のマーサ・ヌスバウム(※17)が提唱している「ケイパビリティ」の考え方を押さえておきましょう。

平等を実現するために必要な「ケイパビリティ」

・センのケイパビリティ論

センが「正義論」という学問領域に「ケイパビリティ」という概念を導入したのは、1979年のタナー講義においてでした。タナー講義は英米の大学で定期的に行われているもので、人間の価値に関する優れた業績のある研究者が指名されて行う講義です。

この講義は「何の平等か？」という演題でなされました。そこでセンは、先に提示されていたロールズの正義の構想を踏まえて、人間のウェルビーイングはロールズが言うような「基本財」（116頁参照）を他者と等しくもつことによってのみでは達成できないことを指摘しました。繰り返しになりますが、ロールズが考える「基本財」には、権利、自由、機会、所得と富、そして自尊の社会的基盤が含まれています。これらの財は、どのような夢や目標を抱いていようとも合理的な人であれば、必ず欲するものであり、かつ、社会が分配できるものだとされています。

では、なぜ「基本財の平等」では不十分なのか。センの回答は、（1）基本財は目的を叶えるための手段に過ぎず、（２）基本財の平等な分配の効果は個人によって異なる、というものです。

（１）については、これまで見てきた通りです。アリストテレスの幸福論のところで見たように、財そのものは通常、目的にはなりません。例えば、お小遣いをもらうのは、それで漫画を買ったり、コンビニで買い食いをしたりするためであり、漫画を買うのはそれを読んで楽しむためであり、コンビニで買い食いをするのはお腹を満たすためです。そして楽しんだりお腹を満たしたりするのはなぜかと言えば、つまるところ幸福のためでした。

（２）については、少し込み入った説明が必要です。センがよく取り上げる自転車の事例で見てみましょう。自転車という財は移動するための手段です。自宅から駅まで乗る人もいれば、折りたたんで電車に乗せて、風光明媚なところでサイクリングを楽しむ人もいます。サイクリングはスポーツとして学校の部活にもなっていますし、オリンピックの競技にもなっています。一口に自転車と言っても、ママチャリ、折りたたみ、ロードバイク、マウンテンバイクと様々ですが、いずれの自転車も人が移動するためのものです。

さて、自転車は人が移動するための手段であるという点に着目すると、自転車を全員に等しく配れればそれでOKとはならないことが分かります。なぜなら、中には自転車の乗り方を知らない人もいるでしょうし、足が不自由でそもそも自転車に乗ることが困難な人もいます。過去のトラウマから自転車に乗るのが怖い人もいるかもしれません。一人に1台の自転車を配ったところで、全員が移動できるようになるとは限らないのです。同じことは基本財についても言えます。人間が基本財を必要とするのは、その基本財を用いて何かをしたり何かになったりするためです。そのため基本財の平等でよしとしてしまうと、その財は何のためにあるのかが分からなくなり、この「何かをしたり何かになったりする」点での不平等が放置されてしまいます。これについて、センは次のように述べています。

基本財というアプローチは、人間存在の多様性にほとんど注意を払っていないように思われる（中略）人々がもしも基本的にきわめて類似しているならば、基本財という指標は、不平等の度合いを判定するのにとてもよい手段となるかも知れない。だが実際のところ、人々はそれぞれの健康状態、年齢、風土の状態、地域差、労働条件、気質、さらには（衣食の必要量に影響を及ぼすという点で）体格、の違いに伴って各人各様に変化するニーズをもっているのではないだろうか。

セン「何の平等か？」（『合理的な愚か者』（勁草書房））

幸福になるためのケイパビリティは、実際には不平等であることが多いのです。ですが、ロールズが説いたような正義にかなった社会では、そのケイパビリティが基本財の面においては「平等」になるような工夫がなされます。自分の「ぶどう」を探し求めるための、制度的な支えが期待できるのです。

それに対して、センはロールズと同じ考えながらも、放置されてはならない不平等を、財の面ではなくケイパビリティの面で捉えています。そのため、ケイパビリティの平等のために、財の分配が不平等になる場合があると指摘しているのです。

これまで見てきたように、ケイパビリティは、**何かをしたり何かになったりするための実質的な自由（現実的な選択肢）**です。そのうち、みんなが当たり前のようにもっていて、誰もが当然もっているべきケイパビリティを社会における「基本的ケイパビリティ」と言います。センは「基本的ケイパビリティ」という言葉の内容については特に定めず、具体例を挙げるに留めています。例えば貧困国では、栄養をとることができること、居住することができること、避けられる死を回避することができることなどが、「基本的ケイパビリティ」とされています。

日本における基本的ケイパビリティはどのようなものでしょうか。日本において、みんなが当たり前のようにもっていて、誰もが当然もっているべきケイパビリティは何でしょうか。ひもじい思いをしなくて済むこと。安心して眠れる場所があること。人前に恥ずかしい思いをせずに出ることのできる衣服があり、清潔でいられること。識字があること。義務教育を終えていること。これらはごく基本的なものに過ぎません。では、挨拶をすることができることはどうでしょうか。パソコンを使えることは？　特定の社会において何が基本的なケイパビリティであるかを示すのは、実はとても難しいのです。

中には、多くを望まず、現状で満足しがちな人もいます。しかし、それはともすれば、与えられた環境によるもの、つまり適応的選好形成の結果かもしれません。タケシは自分が次男であることから、塾に行けないことや、家事や妹のケアをしていることを、仕方のないものと思っています。ケーキだって遠慮しそうです。島に住むスズはひょっとすると、お母さんのそばにいるために、高校進学をあきらめるかもしれません。親ガチャの結果、自分の夢や幸せをあきらめてしまっている子どもたちに、もっと貪欲になっていいんだよ、自分の「ぶどう」をあきらめないでいいんだよということを、どうしたら伝えられるでしょうか。一つの方法は、基本的ケイパビリティを基本的人権に関連付けて紹介することです。次に紹介するヌスバウムは、いくつか特定のケイパビリティを、基本的人権の内容を伝えるものとして提示しました。

・ヌスバウムのケイパビリティ論

ヌスバウムのケイパビリティ論は、センのケイパビリティ論と重なるところも多くありますが、ヌスバウムは、ケイパビリティという概念を用いたアプローチと、人権という概念を用いたアプローチの近しさを強調しており、次のように述べています。

ケイパビリティ・アプローチと人権アプローチの共通基盤は、すべての人が人間であることのみによっていくつかの中心的な権原[※18]をもっており、そしてそうした権原を尊重し支援することは社会の基本的義務であるという理念にある……また、内容も似通っている。私のリストにあるケイパビリティは、世界人権宣言や他の人権文書が認めている人権と大幅に重なり合っている。実際、いわゆる第一世代の権利（政治的・市民的権利）といわゆる第二世代の権利（経済的・社会的権利）がカバーしているものと同じものをカバーしている。

Nussbaum, Creating Capabilities（The Belknap Press of Harvard University Press　日本語訳：神島裕子）

その上でヌスバウムは、各国の憲法を通じて人々に保障されるべき基本的ケイパビリティ（ヌスバウムの用語では「人間の中心的ケイパビリティ」）のリストを具体的に提示しています。

〈基本的ケイパビリティ〉 ①生命　②身体の健康　③身体の不可侵性　④感覚・想像力・思考力　⑤感情　⑥実践理性　⑦連帯　⑧他の種との共生　⑨遊び　⑩自分の環境のコントロール

それぞれのケイパビリティの詳細な内容は、本書の巻末（183頁）に掲載します。関心に応じて見ていただければと思います。

さて、そのような基本的ケイパビリティは、どのように導き出されたのでしょうか。ヌスバウムはまず、人間に関する様々な物語から、人間らしい生の特徴を拾い出し、以下を提示しました。

〈人間らしい生の特徴〉①可死性　②身体性　③快苦を感受する能力　④認知能力　⑤乳児期の発達　⑥実践理性　⑦社交性　⑧生物・自然との結びつき　⑨ユーモアと遊び　⑩人格の独立性

先に挙げたヌスバウムの基本的ケイパビリティのリストは、こうした特徴を限界づけるものに打ち克つためのケイパビリティを示したものであり、そのために人間が人間らしく生きるための権利、つまり人権を根拠づけるものであると同時に、支えるものだとされているのです。

ここで、ヌスバウムのケイパビリティ論の注目点を紹介しましょう。それは「結合的ケイパビリティ」という考えです。ヌスバウムによれば、ケイパビリティは「個人の内部にある能力（内的ケイパビリティ）」だけを指すのではありません。個人の「内的ケイパビリティ」が発揮されるには、政治的、社会的、経済的、そして家庭的環境がその発揮を可能にするものである必要があります。こうした外的な条件が整っている場合のケイパビリティが「結合的ケイパビリティ」です。例えば、大学に進学する「内的ケイパビリティ」のある人が家庭の経済的事情や公的支援の欠如によって大学に進学できない場合、その人には大学に進学する「結合的ケイパビリティ」がないことになります。

ただし、「結合的ケイパビリティ」を一人の力で変えることは難しいため、ここでは「内的ケイパビリティ」を高め、各自が自分の「ぶどう」を見つけ追求する方法に着目します。

センとヌスバウムのケイパビリティ論の違いを簡単にまとめると、ヌスバウムは具体的な基本的ケイパビリティのリストを提示していますが、センはリストを必要としていないという点になります。ただし、センとヌスバウムはどちらも、人間のケイパビリティに着目して、個々人の「できること」や「なれること」を重視している点で同じです。

ケイパビリティの考え方で自己分析する

自分の「ぶどう」探しをしている人は、自分の人生のナビゲーター（舵取り）です。そして、自分の人生を自分で切り開くためには、自分の「できること」や「なれること」、つまりケイパビリティを増やすほうがよいのです。ここで、センが用いている「ケイパビリティ空間」（図2）という考え方で見てみましょう。ある人のケイパビリティ空間には、その人のいくつものケイパビリティの集まり（「ケイパビリティ集合」）があります。少しイメージしにくいかもしれませんので詳しく説明しましょう。

ある人のケイパビリティ空間におけるケイパビリティ集合は、その人がどのような生活を選択することができるかを表しています。例えばある人のケイパビリティ空間には、ユーチューバーになるための「ケイパビリティ集合A」、漫画家になるための「ケイパビリティ集合B」、ゲームクリエーターになるための「ケイパビリティ集合C」があるとします。実際にどの職業を選ぶかはその人の自由です。どれか一つを選ばずに、二つ、三つと同時進行してもよいのです。

ケイパビリティを増やすと、人生の選択肢が増えます。センやヌスバウムのケイパビリティ論では、どの「ケイパビリティ集合」を用いて実際の生活を営むかは、当人の選択に一任されます。仮に当人がどの「ケイパビリティ集合」も用いないと決めた場合も、その決定は尊重されるのです。

ケイパビリティで考えるということは、選択できることに価値をおくことです。「～をした」とか「～になった」という結果に、あまり重きをおきません。

例えば「遊び」に関して言えば、大事なのは遊ぶためのケイパビリティがあることであり、実際に遊んだか、または遊べたかは問題

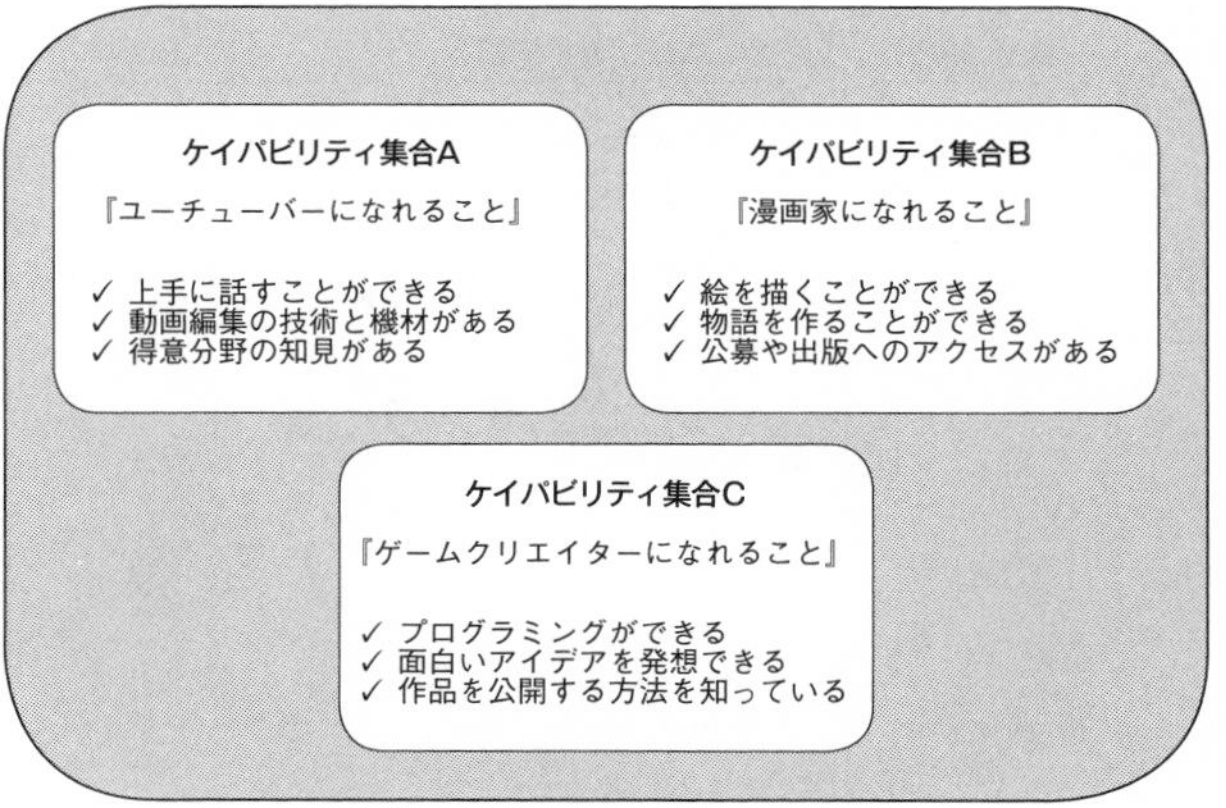

ケイパビリティ集合A
『ユーチューバーになれること』
✓ 上手に話すことができる
✓ 動画編集の技術と機材がある
✓ 得意分野の知見がある
ケイパビリティ集合B
『漫画家になれること』
✓ 絵を描くことができる
✓ 物語を作ることができる
✓ 公募や出版へのアクセスがある
ケイパビリティ集合C
『ゲームクリエイターになれること』
✓ プログラミングができる
✓ 面白いアイデアを発想できる
✓ 作品を公開する方法を知っている

図2　ケイパビリティ空間

ではないのです。ケイパビリティがあっても、したくないことはしなくてよいし、なりたくないものにはならなくてよいのです。達成されたかどうかではなく、達成するためのケイパビリティに着目することが大切です。選択することに価値が置かれるのです。

「ケイパビリティ空間」は、ある人がもっている財から構成される「財空間」と、それらの消費・使用によって達成された状態から構成される「機能空間」の間にあります。人は何かをしたり何かになったりしますが〈達成された状態〉、そのためには〈達成する自由〉が必要であり、そのような自由は〈達成する手段〉である財があって初めて可能になります。ここで言う「財」

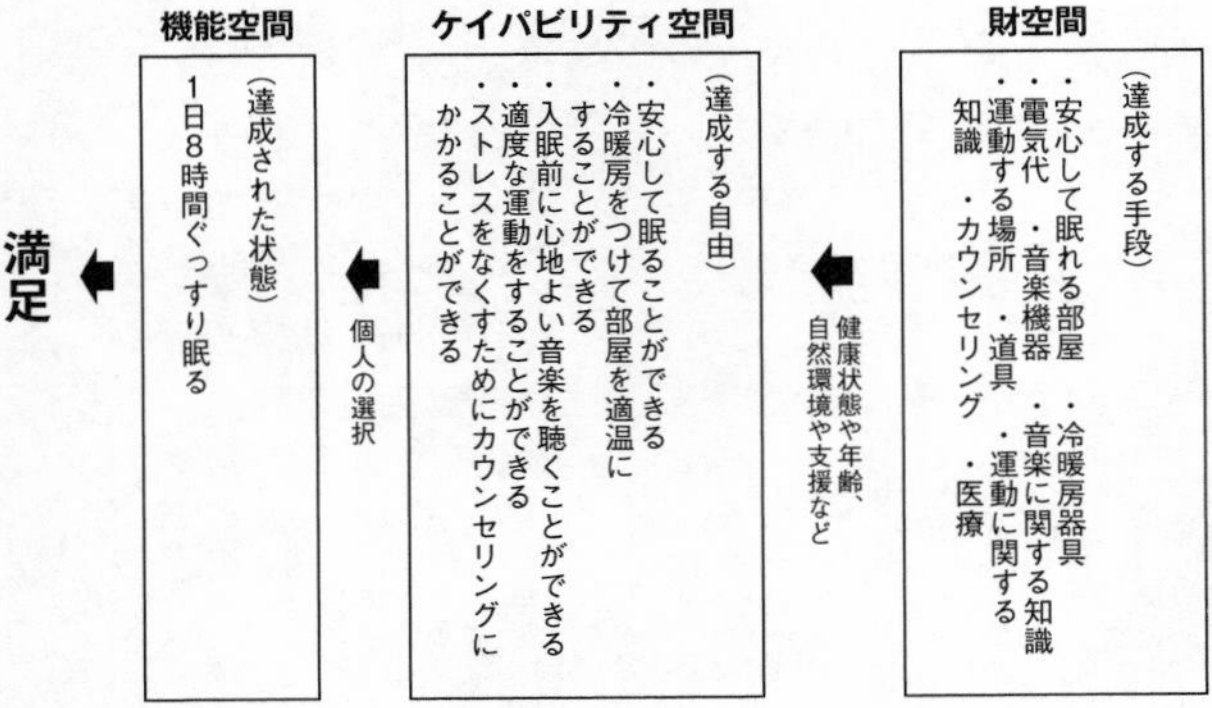

図３　財とケイパビリティと機能の関係

は広義の意味においてであり、権利や資源、自分の身体、さらには支援なども含みます。

このうち、特に「機能」という言葉について、説明が必要かもしれません。機能は英語でfunctioning。ケイパビリティの実現です。機能というネーミングが分かりにくいのですが、自分の「できること」「なれること」の中から、自分の選択によって、実際に「したこと」「なったこと」を指します。今自分がしている活動や、今の自分の状態を思い浮かべてください。本を読んでいる、寝そべっている、お菓子を食べている、音楽を聞いている……これらはすべて「機能」になります。あなたは、いくつもの選択肢の中からそれを選び実行しているのです。

また、財をケイパビリティに変換する際には、健康状態や年齢といった人々の多様性が作用しますし、また、ケイパビリティがあってもそれを発揮するかどうかは個人的選択に一任されています。これらのことを図解すると、前ページの図3のようになります。

例えば、ある人が「1日8時間ぐっすり眠る」という機能と「読書をする」という機能を達成しているとします。そこで、この人の機能空間には（他にもあるでしょうが、ここでは単純化のために）この二つの機能があると仮定します。

この場合、この人のケイパビリティ空間には、「1日8時間ぐっすり眠る」ためのケイパビリティと、「読書をする」ためのケイパビリティがあることになります。

「1日8時間ぐっすり眠る」ためには、ケイパビリティ空間に、ケイパビリティとして、

・安心して眠ることができる
・冷暖房をつけて部屋を適温にすることができる
・入眠前に心地よい音楽を聴くことができる
・適度な運動をすることができる
・ストレスをなくすためにカウンセリングにかかることができる
・睡眠障害の治療を受けることができる

などが必要になります。
そして、これらのケイパビリティを可能にするものとして、財空間に

・安心して眠れる部屋　・冷暖房器具　・電気代　・音楽機器　・音楽に関する知識
・運動する場所　・道具　・運動に関する知識　・カウンセリング　・医療

などが必要になります。

ケイパビリティと財の区別は難しいところがありますが、財は社会が分配・提供することができるものとすると、一応の区別をつけることができます。ですので、ケイパビリティ空間にあるケイパビリティは、先に紹介した「結合的ケイパビリティ」です。

「読書をする」という機能についても、同様のことが言えます。

この場合、ケイパビリティ空間には、

・本を読むことができる
・オーディオ・ブックを聞くことができる
・図書館にアクセスすることができる

などがあり、財空間には、

・本　・オーディオ・ブック　・オーディオ・ブックを再生する機器
・公立の（移動）図書館
・本やオーディオ・ブックや図書館に関する知識
・識字教育

などが必要になります。
すると、この人のケイパビリティ空間には、

・安心して眠ることができる
・冷暖房をつけて部屋を適温にすることができる
・入眠前に心地よい音楽を聴くことができる
・適度な運動をすることができる

・ストレスをなくすためにカウンセリングにかかることができる
・睡眠障害の治療を受けることができる

という、ぐっすり眠るためのケイパビリティの束と、

・本を読むことができる
・オーディオ・ブックを聞くことができる
・図書館にアクセスすることができる

という、読書をするためのケイパビリティの束があることになります。

この人は、これらのケイパビリティを用いて、「ぐっすり眠る」「読書をする」ことからなる生活することができますが、これらのケイパビリティを別様に組み合わせて、「適温な部屋で小説を書く」という機能を達成することもできるのです。ケイパビリティ空間が広がれば広がるほど、現実的な選択肢が増えることになります。

ところで、「ぐっすり眠るため」には「寝場所さえあればよい」という人もいるかもしれませんし、クーラーも運動も寝心地のよいベッドも必要とする人がいるかもしれません。運動しなくてもぐっすり眠れる人に運動を強要する必要はないのですが、そんな人にも運動をするかしないかの選択肢があることが重要なのです。そして、ぐっすり眠ることにより、満足をして、「ぶどう」を探す力や余裕をもてることが大切であると言えます。

大事なことは、個人の機能空間、つまり当人が今何かをしていなかったり、何かになっていなかったりすることだけで、その人を評価してはいけないということです。なぜならその人は、何かをしようとしたり、何かになったりしようとがんばっているけれども、財空間が小さいためにケイパビリティ空間も小さいままであり、何もできていなかったり何にもなれていなかったりするのかもしれません。あるいは、何かをしたり何かになったりするためのケイパビリティ空間は大きいけれども、自分の人生のナビゲーターとして、何もせず何にもならないことを選んだのかもしれません。

みなさんも、ケイパビリティという考え方を使って、自分はなぜ今、何かをできていなかったり何かになれていなかったりするのかを分析するところから始めてみましょう。

〈自己分析してやる気になるシート〉

1　**これからやってみたいこと**　例：中学・高校の美術の教師。

（　　　　　　　　　　　　　　　　）

2　**1のために必要なもの、こと**　例：教員免許。美術についての知識。人に物事をうまく伝える技術。

（　　　　　　　　　　　　　　　　）

3　**1のために障害になりそうなもの、こと**　例：大学に合格できるかどうか。人前で話すことができるかどうか。美術についての知識が得られるかどうか。

（　　　　　　　　　　　　　　　　）

4　**1のために今できないけれど、将来できそうなこと**　例：美術の教師になれる大学に入ること。パソコンの造形表現ツールを使えること。

（　　　　　　　　　　　　　　　　）

5　**1のために今できることを具体的にたくさん**　例：絵に関する知識をたくさん増やす。絵を描く勉強をする。

（　　　　　　　　　　　　　　　　）

6　**これまでにがんばったこと**　例：富士山に登ったこと。小学校の図工クラブで部長を務めたこと。

（　　　　　　　　　　　　　　　　）

7　**1のために明日から実行すること**　例：図書館で美術関連の本を１週間に１冊ずつ借りて読むこと。

（　　　　　　　　　　　　　　　　）

分析はできましたか。そうすることで、自分の「ぶどう」に照らして、これから何をすべきかが見えてくると思います。そのためのケイパビリティがない場合は、どんなケイパビリティが必要であるかをイメージするのです。例えば、先ほどの「ぐっすり眠ること」が必要なケイパビリティだとします。あなたが暑さに弱い場合には、夏場にはクーラーが必要でしょう。もしくは日中の運動が必要なのかもしれない、といったイメージです。

ケイパビリティはあるけれども、自分の選択で何もしなかったり何にもならなかったりする場合は、自信をもってください。例えば、部屋にはクーラーもある。しっかり日中に運動した。だから、ぐっすり眠ることはできるけれど、明日のテストのために今夜は徹夜する、と自分で決めたという自信です。ケイパビリティはあくまでも自分のなかの「溜め」。発揮してもよいし、発揮しなくてもよいのです。

不確実性に耐える力「ネガティブ・ケイパビリティ」

ケイパビリティについて、最後に、もう一つ補足をしておきましょう。２０２０年初頭に始まったコロナ禍において、「ネガティブ・ケイパビリティ」という考えに耳目が集まりました。ネガティブ・ケイパビリティとは、イギリスの詩人ジョン・キーツ[※19]が1817年に弟たち宛ての手紙の中で用いた言葉です。教育学者のエレイン・ウンターハルターの言を借りると、キーツはそこで「創造的だけれども簡単には定義できない何かに向かってゆっくり進むプロセス」について述べました[※20]。

帚木蓬生《ははきぎほうせい》は『ネガティブ・ケイパビリティ　答えの出ない事態に耐える力』（朝日新聞出版）の中で、この「ネガティブ・ケイパビリティ」を「不可解さに性急に結論を与えず、神秘さと不可思議さに身を浸しつつ、宙ぶらりんを耐え抜く力」として提唱しています。そして、キーツが手紙に残した言葉を、後年にイギリスの精神科医ウィルフレッド・R・ビオン[※21]が掘り起こし、精神分析医が「保持すべき力」として提唱したことについても、紹介しています。ネガティブ・ケイパビリティは、精神分析医が患者の言葉に対して発揮すべき力であり、また、詩人や作家が外界に対して有すべき力であるともされています。

私たちが「将来の夢」を今は描けなくても、その状態を「悪いこと」として捉えずに、不安で答えの出ない状態に耐えることができれば、いつかは夢がもてるかもしれません。まさにその耐える力がネガティブ・ケイパビリティなのです。

不確実な状況を生きること。そして、その渦中にいる他者に伴走すること。これはつらいし、そして勇気のいることです。親ガチャを含む偶然性の結果に悩む子どもたちや、その親たち、そして社会全体にとっても、必要なケイパビリティなのです。自分の「ぶどう」を手に入れる上でネガティブ・ケイパビリティも視野に入れておきましょう。

ここまでケイパビリティについて説明してきました。結局「ハズレガチャ」を考えると、家庭以外でもこうしたケイパビリティが育まれることが望ましいということなのです。地域社会、学校、病院、施設などで、そのための多層的な取り組みが必要です。

さて、ケイパビリティは力や可能性である以上、親ガチャを乗り越え、ぶどうを手に入れるためには何らかの方法で鍛えなければなりません。最後の章では、このケイパビティをどうやって鍛えて増やすかについて、「明日から使える具体的な方法」を紹介していきたいと思います。

第5章

明日から実行！「幸福になる力」を高めるヒント

1　想像力を鍛えよう

①「物語」を活用する

あなたの「ぶどう」はなんでしょうか。まず今ある「ぶどう」をリストアップしてみましょう。それは、あの葡萄をあきらめたキツネのように、「適応的選好形成」の影響を受けたものかもしれません。あきらめなくてよかった「ぶどう」もあるでしょうし、まだ知らない・出会ったことのない「ぶどう」もあるでしょう。

コロナ禍を経験した私たちからすると、どうしようもない自然の力によって、今まであったケイパビリティが突如として失われるという状況が現実として起こることも否定できません。学校に行く、友達とおしゃべりする、入学式や卒業式に出る、部活をする、習い事をする、外食をする、旅行に行く、就活をする、婚活をする……今まで当たり前のように発達させ発揮できたケイパビリティであっても、その機会が失われてしまうことがあり得るのです。

それならば、「ぶどう」を得られるかもしれないチャンスは多ければ多いほうがよく、またその実現に早めに取り組めるほうがよいのです。そのためには、いまだ自分にとって知られざる「ぶどう」を探ってみる必要があります。より多くのケイパビリティをもつ人になり、自分の「ぶどう」を手に入れるのだという決意をしましょう。あとは選択するだけです。できることはみんな同じ。何を選ぶかだけなのです。

そこで、「物語」を利用した具体的な方法について提案していきたいと思います。なぜ「物語」かと言うと、それへのアクセスは自分が置かれた環境から制限を受けにくいためです。「物語」といっても、小説やマンガ、映画、ドラマといったフィクションだけではなく、ここでは絵画や音楽、彫刻などの芸術鑑賞、そしてスポーツ観戦など、多くを含んだ概念です。これらの中に自分に合った方法がきっとあるはずです。

以下ではまず、「A 生きる糧（エネルギー）を与えてくれる物語」「B 自分を理解するための物語」「C 他者を理解するための物語」の三つのグループを紹介します。

A. 生きる糧（エネルギー）を与えてくれる物語

児童文学は大人にとっても生きる糧（エネルギー）を与えてくれるものになり得ます。希望をもたせてくれるストーリーがよいでしょう。物語といっても、媒体は活字である必要はなく、アニメや映画でもよいです。大切なのは良質な作品に触れることです。あからさまに教訓めいた話よりは、楽しくてワクワクするような物語が理想です。具体的な例としてのおすすめを二つ挙げましょう。

『ハリー・ポッターと賢者の石』（J・K・ローリング、静山社）…両親を亡くし、伯母の家庭でいじめられながらパッとしない生活をしていたハリーが11歳の誕生日に自分が偉大な魔法使いの子どもであることを知らされて魔法学校への入学を許可されるというストーリー。思いがけず入学した魔法学校で、ハリーは、初めて友達ができ、寮という帰属社会を得ました。ライバルと競い合ったり、尊敬できる教師の元で学んだりといった喜びも得ます。読書や映画でそれらを疑似体験するのは純粋に楽しいものですが、それと同時に、自分にもそういう経験ができたらいいなと、未来に向かって生きる力が湧いてきます。シンデレラ的な要素や、楽しい寮生活、仲間との協力など、王道の名作です。

『精霊の守り人』（上橋菜穂子、新潮社）…児童文学でありながら和製ファンタジーとしても高レベルの作品です。アニメ化やドラマ化もされていますが、原作小説は漢字にルビがふられていますので読みやすいと思います。精霊を宿した皇子チャグムと女用心棒バルサを中心とする物語。チャグムは皇太子なのですが、なぜか父である皇帝からは冷遇されていて、おそらくは皇帝の命令で命を狙われているのではと思える状況でした。そんなチャグムが用心棒バルサや呪術師との触れ合いの中で、それまで知らなかった人の温かみや生活の知恵を身につけながら少しずつ成長していく様子に力づけられます。

B. 自分を理解するための物語

物事の分別がついてからの物語は、「自分とは何者であるか」を考えるよい機会を与えてくれます。小学校高学年から読めて、大人にとっても読み応えのある物語を紹介します。

『獣の奏者』（上橋菜穂子、講談社）…ファンタジー小説です。獣医である母親を失ったエリンは、母と同じ獣の医者をめざします。エリンは王獣という、闘蛇の天敵にあたる獣との出会いをきっかけに、獣の医師をめざします。獣の医師になるための学舎で学ぶうちに、そこでの教えや行為は生き物の本来の姿をゆがめていると思うようになります。それでもなお、人間は動物を利用すべきではないという自分の信念が本当に正しいのかについて葛藤します。最終的にエリンがどういう選択をするか。自分の直観と世間の常識が相反するときに、自分ならどうするか。自分を理解するために、想像力を働かせながら読んでみてください。4部構成ですが、3部以降はかなりダークな領域に踏み込みますので、2部の王獣編までをおすすめします。アニメ化もされています。

『からくりサーカス』（藤田和日郎、小学館）…マンガです。とつぜん莫大な遺産を相続したことにより命を狙われる小学五年生の「才賀勝」、勝を守る謎のサーカス団員の「しろがね」、人を笑わさないと死に至る重病を患う拳法の達人「加藤鳴海」の3人を軸に話は進みます。主人公たちは「自分の行動や、ある人を好きになったり憎んだりといった感情が本当に自分自身のものであるか」について苦悩することになります。「自分が自分であるとはどういうことなのか」「自分は誰かの操り人形になっていないか」という観点で読むと興味深い物語です。人間の情念や生命の無常さについて考えさせられます。

C. 他者を理解するための物語

自己を客観的に俯瞰することとそれをベースに他者を理解することの境界はやや曖昧です。さきほどのBの物語と、次に紹介する物語の効能の境界も曖昧ではありますが、Bより少し成長してから読むとよい物語を二つ紹介します。

『十二国記シリーズ』（小野不由美、新潮社）…異世界ファンタジーのライトノベル。主人公たちの成長、裏切り、苦悩、それでも他者を信じる気持ち、人間の集団同士の対立、立場による価値観の相克、といった要素が無理なく豪華に盛り込まれています。第1作の『月の影　影の海』で、主人公の陽子は不意に連れてこられた異世界で、一見親切そうな人たちに裏切られ続けます。それらの人々が主人公を陥れる心情や動機についても考えさせられるものがあり、「別の人に裏切られたけど、この人は信じても大丈夫だよね？」とドキドキしながら読み進めるとともに、人間の心の複雑さや多面的な観点の大切さを実感できる物語でもあると言えます。

他者を理解するには、表面的な親切さや外見に惑わされない観察眼を鍛えることが必要です。陽子は日本の高校生。物語の後半では、「裏切られてもいいんだ。裏切った相手が卑怯になるだけで、私の何が傷つくわけでもない。裏切って卑怯者になるよりずっといい」という境地に至ります。「自分を理解する」ことと「他者を理解する」ことの境界は曖昧であるという点にも通じますが、根拠も経験も足りない中で自分は他者をどう理解すべきなのかという観点で読んでもおもしろい物語です。ぜひ読んでみてほしい物語です。原作小説で読むことを推奨しますが、アニメ化もされています。

『風の谷のナウシカ』（宮崎駿、徳間書店）…アニメ映画が有名ですが、マンガ版を読むことをおすすめします。原作マンガは、人間同士の抗争にとどまらず、人間を含む生命の尊厳とは何かについて考えさせられます。この物語では、「腐海」についてどう認識しているかで、人々の立場が180度変わってきます。「腐海」は瘴気を放ち防毒マスクなしでは人は立ち入ることのできない領域として描かれますが、汚染した世界を浄化する自然の装置であるとの見方をする集団と、おぞましい蟲の住む魔境であるとする集団では相容れない対立が生じます。登場人物たちが逆の立場の人々と交流する中で、その考えが揺らいだり、憎しみが強まったり、またそのどちらの考えでもない観点が提示されるなど、他者への理解について考えさせられる物語です。

物語を読んだり見たりした後は、作品の余韻を楽しみつつ、自分の「好き」はなんだっただろうか、どんな「ぶどう」を追求したかったか、そしてこれから追求することができるかを想像してみてほしいと思います。とはいえ、そう言われても具体的にどうしたらよいか分からないかもしれませんので、具体的な行動例をいくつか挙げてみます。

例えば、読んだ作品が気に入ったら、作品やその作者のファンクラブ（もしあれば、ですが）に入ることもよいかもしれません。作品のモデルになった場所があれば聖地巡礼をするなどして、「異世界」を楽しむのもよいでしょう。また、インターネット上の書評サイトなどで、他の人の感想を見てみるのもおもしろいと思います。一歩踏み込んで自分でも感想を書き込んだり、ＳＮＳなどで感想をつぶやいたりするのもよいでしょう。ＳＮＳ上に書くことに抵抗があるなら、自分専用のメモ帳に物語の要約や感想、「これは」と思ったセリフなどをメモしてみるのもおすすめです。物語に触れて、その影響で何かをアウトプットするというのはとても重要な行動だと言えるのです。

こうした物語は私たちの想像力を鍛え、他者への共感力を増し、翻って第4章（111頁）で述べてきた「正義」の実現を可能にします。正義というのは、相手のポジション（立場）に立って考えることのできる人が多いほうが、実現できる可能性が高まるのです。先に紹介したヌスバウムは、『失われた時を求めて』で知られる作家マルセル・プルーストを引き合いに出しながら、「共感的な想像力」について、次のように述べています。

プルーストが言うように（中略）私たちは自らの想像力においてのみ他者の精神生活を経験できる。この所見からプルーストは、文学的な芸術的才能だけがほかの人間の心へのアクセスをもたらすという、驚くべき主張を導きだしている。

ヌスバウム『正義のフロンティア』（法政大学出版局）

私たちは物語に触れるとき、何をしているでしょうか。おそらく登場人物に感情移入して、その言動を理解しようとします。そのため、登場人物の間で衝突が生じるときには、それぞれの事情が分かっているため、複数の登場人物に肩入れしてしまうこともあります。物語では比較的、登場人物の心の内を想像しやすいからです。ですが、現実の他者の心の内を理解することは難しいし、プルーストも述べているように、完全に理解することなど不可能なのです。それでも、他者が置かれた環境の理解に努めることはできます。

ここで、ロールズの「無知のヴェール」という思考実験を紹介しましょう。これは、「もし自分が~だったら」というように、反実仮想的な思考実験を可能にしてくれる、倫理学的なツールです。このツールを使って、他者が置かれた環境を理解するトレーニングを行ってはいかがでしょう。

その前に、「無知のヴェール」について少し説明しましょう。

私たちは通常、自分がどのような環境で生まれ育ったかを知っていますし、自分の性別や健康状態や得意・不得意なども知っています。そのため、社会における自分のポジション(立ち位置)がどのようなものであるかをおおむね理解していますし、それに基づいて将来の見通しを立てています。

「もし自分が大手不動産会社の経営者の子ども（A）だったら」、将来はその会社の経営に関わる可能性が高いと思うでしょう。しかし「もし自分が非正規雇用のシングルペアレントの子ども（B）だったら」、大学に行かずに中卒や高卒で働くつもりでいるかもしれません。このようにばらばらの状態にある人たちが集まって、これから新しい社会の原理を作るとしたら、どうなるでしょうか。（A）は、お金持ちがなるべく税金を払わなくてすむ原理を欲するかもしれません。（B）も、がんばっているからこそ、意外にもがんばりの成果を独り占めできる原理を欲するかもしれません。

みんなが自分に都合のよいことを言い出して、埒があかなくなりそうです。すると、弱肉強食の世界が正当化されてしまい、ハズレガチャを引いた人は最悪のケースでは食べることすらできずに餓死してしまうかもしれません。ロールズは、誰にとっても公正（フェア）な社会の原理を導き出すためには、「誰も社会における自分のポジションを知らない」という条件が必要だと考えました。それが「無知のヴェール」です。自分についての情報を遮断してくれるヴェール（カーテンやマントでも可）があるとして、その向こう側に行ったならば、自分が誰であるかが分からない状況、つまり自分は誰でもあり得るという状況になります。ロールズはこの「無知のヴェール」という倫理学的なツールを用いて、誰にとっても公正な、自由が守られ食べていける社会を構想したのです。

無知のヴェールは正義にかなった社会を想像するためのツールとして使われましたが、ここでは、「もし物語の登場人物になるなら」という方法で無知のヴェールを活用してみます。それによって、自分の考えが明確になり、さらに他者への「想像的共感力」が得られるトレーニングになるからです。

正義にかなった社会を考えるとき、正しい制度があるから何もしなくても大丈夫とは言えません。制度を支えているのは私たち一人一人なのですから、一人一人ができる範囲で責任を果たすことが重要です。他者や社会のために正しいことをするということも、みなさんの「ぶどう」に加えてみてください。

② 芸術作品を活用する

ここまではおすすめの作品を紹介しながら物語の効用について説明しました。小説やマンガ、映画、ドラマといったフィクションに加えて、音楽、絵画、彫刻などの芸術鑑賞、そしてスポーツ観戦などは、すべて自分に「想像し、思いをめぐらせる」機会を与えてくれる物語だと言えます。大人になってからのこうした物語との出会いも「ぶどう」の一つなのです。人の一生はそう長くはないので、実体験として経験できることには限りがありますし、他者と交際する機会にも限りがあります。物語はいろいろな経験をシミュレートするためのツールであり、多様な「他者」との出会いの場を提供してくれるツールなのです。

小説や映画などのフィクションが物語であることに異論はないと思いますが、いわゆる芸術鑑賞も物語たり得ます。例えば、絵画の中で、みなさんにはずっと眺めていても飽きない絵画はあるでしょうか。もしオリジナルを1枚プレゼントされるなら、何を選ぶでしょうか。好みは人それぞれだと思います。そしてその絵について、いろいろと想像をめぐらせてみてください。

言葉が書かれていない絵画だからこそ、観る側がその人なりのストーリーを想像し、思いをめぐらせることができるのです。自分がどんな芸術作品を好きで、どのように好きなのかは、観てみないことには分かりません。美術館に足を運ばなくても、作品を観る機会はいろいろとあるでしょう。自分でも意外な作品にビビッとくるかもしれませんので、ぜひ周囲を見渡して、多くの作品を観てください。そして、想像を膨らませてみてください。

音楽については、もう少し分かりやすいかもしれません。歌詞のある曲であれば作詞者のメッセージはだいたい伝わります。歌詞のない曲や、歌詞が外国語の場合であっても、曲を作った人や演奏している人の「何か」は伝わってくるものです。

自分の好きなミュージシャンの演奏を、ユーチューブだけでなくライブやコンサートで聴く経験もすばらしいと思います。そうして、みなさんの新しい「ぶどう」を発見してみてください。

③「遊び」で思いをめぐらす

ヌスバウムは基本的ケイパビリティの一つとして「遊び」を挙げています。笑うことができること。遊ぶことができること。レクリエーション活動を楽しむことができること。こうしたことが国家の憲法を通じて全員に保障されるべきというのは、大袈裟な感じがするかもしれません。しかし、世界には何らかの理不尽な理由で遊びを禁じられている人たちがいます。あるいは、遊んだ経験がなかったり、それゆえ遊びによる喜びも知らなかったりする人たちもいるのです。やはり遊ぶことができる人のほうが「ぶどう」の追求にも長けているでしょう。

イギリスの小児科医・精神科医のドナルド・ウィニコット(※22)が示し、ヌスバウムも強調しているように、他者とつながることができる人になるためにも、遊びが大事なのです。「遊び」は「思いをめぐらす」ことにつながります。対象について「なんだろう」と不思議に思い、あれこれ考え始めるきっかけになります。こう言うと難しく聞こえるかもしれませんが、散歩をイメージしてください。散歩はウォーキングと違い、その目的はブラブラすることです。好きなときに一人でできる遊びです。景色を見たり、匂いを嗅いだり、音を聞いたりなど、五感を働かせながら、どこかで新しい出会いを探しています。秋によい香りがする橙色の小さな花をつけている木はなんだろう。興味が湧けば、調べて理解しようとします。

他にも、例えば「釣り」もそうかもしれません。雨がたくさん降った後の川べりで山椒魚に出会うかもしれませんが、初めて見るときはさぞびっくりすることでしょう。遊びは探検です。新しい世界と出会い、新しい「ぶどう」を見つけるために重要なものです。

また、子どもにとって、遊びは「思いをめぐらす」能力を発達させる大切なものです。対象に関心をもち、驚嘆し、不思議がり、理解しようとする能力を向上させます。思いをめぐらすことこそが、子どもが最終的に他者に対してできるようにならなければならないことなのだと、ヌスバウムは述べています。遊びは好奇心を通じて、支配・被支配の関係を伴わない関係性の中で他者とともに生きることを教えてくれるのです。

遊びは楽しいものです。でも、何が遊びかは人によって異なります。テーマパークで遊ぶ人もいれば、海や川で遊ぶ人もいます。車の運転で遊ぶ人もいれば、電車を見て遊ぶ人もいます。会話で遊ぶ人もいれば、空想で遊ぶ人もいます。いずれの場合も、そうすることで人は、心の底から湧き上がってくる幸せな気持ちを感じることができます。これは考えてみれば、すごいことです。何かをすることで、そんな気持ちになれるのですから。ですから遊びはたくさんするほうがよいですし、いろいろな遊びができるほうがよいのです。とはいえ、一般に遊びとされているものが自分にそんな気持ちをもたらしてくれるかは、経験してみないと分かりません。子どもの頃にさせられたドッジボールが嫌でたまらなかった人もいるでしょう。逆に、勉強のように一般に遊びとされてないものが、自分にとっては遊びだったりすることもあり得ます。経験してみて自分にとってどうなのかを考えることが大切です。

2　自分の人生は自分で切り開こう

①「NO」と言える勇気をもつ

自分の「ぶどう」を追求するためには、嫌なことにはNOと言える勇気も大切です。世間にはいろいろな人がいます。そして、あなたに様々な要求をしてきます。そのときに「嫌だな、やりたくないな」と思ったら、ときにはその通りに「NO」と言えることも大切です。このとき、生意気だと思われたくないとか、相手の気分を害してはいけないとか、相手が困るかもしれないという考えは捨てましょう。

あなたに「ああしろ、こうしろ」と要求してくるのは、他者だけではありません。社会もそうです。社会的な規範、つまり「常識」という名で、あなたの言動や将来の道筋を指示してきます。身近なたとえでは、「子どもはこうあるべき」「男はこうあるべき」「女はこうあるべき」「日本人はこうあるべき」などがあります。もっと他にもありますが、自分の人生のナビゲーターは自分であって、自分だけが自分の人生の舵取りをする自由を有しているのだということを忘れないようにしておきましょう。これについてフランスの哲学者サルトルは次のように述べています。

人間はみずからがつくるところのもの以外の何ものでもない（中略）人間は苔や腐蝕物やカリフラワーではなく、まず第一に、主体的にみずからを生きる投企なのである。この投企に先だっては何ものも存在しない（中略）人間は何よりも先に、みずからかくあろうと投企したところのものになるのである。

サルトル『実存主義とは何か』（人文書院）

人は、他者と融合した存在ではありません。一人でこの世界に投げ出され、一人でこの世界を去ります。自己意識があり、心と身体をある程度まで自分の意思で動かすことができ、様々な感情を味わうことができるという奇跡を最大限に生かして、自分の個別具体的な人生を歩みましょう。他者や社会のためだけに生きているのではなく、他でもない自分のために生きていることを忘れずに、嫌なことには嫌だと言う勇気をもちましょう。

ただ、嫌なことにNOと言えることはよいのですが、嫌な理由について雄弁に語る必要はありませんし、思ったことのすべてを口にしないほうがよい場合があります。また、正直に理由をすべて説明しないと相手に対して失礼だと思う必要もありません。正直であることはよいことですが、あなたの正直さに価値を置かない相手には、どんなに言葉を尽くしても理解してもらえません。それどころか「もっと素直になれ」などと、その相手の価値観への従順さを求められることすらあります。しかし、ただ単に、「NOと言うと嫌われるかもしれない」との懸念からあれこれ譲歩する必要はありません。残念ながら話しても無駄な場合はあるので、「沈黙は金」という格言をときには大切にしましょう。自分が発した言葉で自分の自由を奪うのは損なだけです。

② 上手に逃げるすべを身につける

NOと言えるようになり、思ったことのすべてを口にしないようになっても、「なるようにしかならない状況」は必ず訪れます。例えば小学生。

「昼休みにクラスの全員で何かをして遊ぼう」と、先生から提案されたとします。何をして遊ぶかについてみんなで話し合うことになり、決まった遊びに対して、自分はやりたくないと思ったとします。その場合、その場で次のような意見を言ったとしたらどうでしょう。

「休み時間なんだから、遊びたくない人には、遊ばない自由もあると思います」

確かに正論ではありますが、あまりよい結果にはならないでしょう。「みんなで遊ぶ」ことに価値を置く人たち（あるいはそのような指示を疑わない人たち）には、「みんなで遊ばない」ことは受け入れられないのです。

この場合は、ひとまず無難に話し合いの流れに従っておき、いざ休み時間になったときに遊びたくなければ、体調がすぐれないなどの穏当な理由で参加しなければよいだけです。嫌なのに無理に参加し続けると、自由が奪われ、第3章で紹介した福澤諭吉が問題視した「怨望」を心のうちに育むことになります。また、もし他の子が「遊びたくない」と言ってくれたら、無理に遊びに参加するよう説得するのではなく、「去るものは追わず」の心境で対処してあげることができれば、すばらしいと思います。

これは小学生の事例ですが、似たような状況は、中学生や高校生、社会人になってからも発生するでしょう。支配・被支配の関係の中で苦しみやすい時代です。悪い感情に引きずられないためにも、すべてのことに対処する必要はないのです。上手に逃げることも、自分を守るためのすべとしてもっておきましょう。

③　がまんする力を身につける

第4章で紹介したネガティブ・ケイパビリティは、「答えのでないモヤモヤした状況」と上手に付き合う力です。不安な状態、答えの出ない状態に耐える力ですから、がまんする力とも言えます。

しかし、どの程度のことをいつまでがまんすればよいのでしょうか。昭和の時代のテレビアニメに『愛少女ポリアンナ物語』という作品がありました。父親との死別により孤児となったポリアンナが親戚に引き取られ虐げられながらも、「よかった探し」を通じて明るくたくましく生きてゆく話です。ハッピーエンドではありますが、「よかった探し」は現実の負の側面からの逃避を促します。自分を慎ましい人にするくらいならよいのですが、虐待やドメスティック・バイオレンスのような過酷な環境に耐えるようになってしまってはいけません。がまんが習い性とならないようにしましょう。

とはいえ、がまんがものをいうことはあります。親ガチャの場合、まずは自分が大人になるまでのがまんです。がまんする力を身につけるためには、先を見通す想像力が必要です。人間の心理には、将来の利益よりも現在の利益を優先するという現在バイアス(※23)があります。学生であれば、いまはゲームをしたいから宿題を先延ばしにするといったことがあると思いますが、先延ばしをしすぎて学校の勉強についていけなくなったら、どうなるでしょうか。「ぶどう」探しの旅に出るためのケイパビリティがもてなくなってしまうかもしれません。後先を踏まえる。先を見通す想像力があれば、今の楽しみをしばらくがまんすることができます。

先を見通す想像力をつけるには「Aをしたらこうなる、でもBをしたらこうなる、どっちがいいか」という2択のメリットとデメリットを考えながら1歩先、2歩先を読む練習をするのがいいでしょう。例えば、以下のような問題があります。

「A君は、店でずっと欲しかったゲームを見つけましたが、2000円と高く、買うのを迷っています。お店の人は『あと3日したら割引セールで1000円になる。でも売り切れるかもしれない』と言いました。A君は2000円しか持っていません。今買うとお小遣いが

なくなり、明日友人と遊びに行けなくなります」

とても悩む問題です。いずれを選択した場合でもメリットとデメリットがあります。机の上でこのような課題に取り組んでみるとよいでしょう。こういったことはみなさんの周りにたくさんあります。「ずっと行きたかったコンサートのチケットがもらえたが、親友の誕生日会と日が重なっていた」など、日常生活で中でも「もし、これを選んだら、先々どうなるか」ということを考える場をもってみましょう。

3　社会で生きていくための知恵と知識を身につけよう

①　基礎学力と認知機能を伸ばす

ハズレガチャのもとでケイパビリティを増やすには、基礎学力（文字を読んだり、文章を書いたり、計算ができたりするなど）や学力の土台となる認知機能も重要です。現代社会には詐欺や詐欺まがいの行為があふれていますので、安心して「ぶどう」を追求できるように、物事をよく考えることができる、真実を見極めることができるための基礎学力や学力の土台を確実なものにすることが大切です。認知機能とは、例えば学校では先生の説明をしっかり見て、聞いて（知覚）理解する力（言語理解）、集中して課題に取り組む力（注意）、大切なことを覚える力（記憶）、習ったことを基に新しい問題に取り組む力（推論・判断）など、学ぶときに必要になってくる力です。まさに認知機能は、学習の土台と言えるでしょう。認知機能が弱いと学習の土台が不十分なため、学力でつまずきが生じることが多いのです。

学習の土台のことを運動における基礎体力と同じだと考えればお分かりやすいのです。例えば体育における跳び箱や鉄棒の逆上がりは、先生がいくらテクニックだけを教えても、もしその子に筋力、持久力、瞬発力、集中力、柔軟性など基礎体力がなければなかなかできるようにはなりません。

基礎体力に相当するのが認知機能で、テクニックに相当するのが、先生が学校で教える国語、算数、理科、社会、外国語などの教科学習における知識です。もし、見たり聞いたり、覚えたり、集中したりする認知機能という土台が弱ければ、いくら先生が一生懸命勉強を教えても、なかなか点数につながらないのです。認知機能の弱さが見られる子どもにはコグトレのようなトレーニングを活用する方法もあります。

②　自分の「好き」を見つける

「好き」を見つけることは、自分の自信や知識を蓄える意欲、知識を増やすことにつながります。「好き」について元野球選手のイチローは「努力を努力だと思ってる時点で、好きでやってるやつには勝てない」と言っています。つまり「好き」は努力にも勝つのです。

「好き」を見つけることの意義はここにあります。ところで「好き」を見つけるには、「自分でよく見てよく聞いてよく動くこと」がポイントです。当たり前のことですが、現在の日本では、この「自分でよく見てよく聞いてよく動くこと」は通常は誰に対しても禁止されていません。ところが、2016年の映画、軍事作戦の悲劇を描いた『アイ・イン・ザ・スカイ』では、登場人物の幼い少女は、女児がフープで遊ぶことさえよしとされない地域に住み、軍事作戦の犠牲になっていきます。当たり前に思われることでも、実は状況によっては恵まれたことであったりするのです。

「よく見てよく聞いてよく動くこと」を禁止も奨励もされていないため、「好き」を見つける機会が少ないと感じている人もいるかもしれません。その場合は、例えば、行政が定期的に発行している市民だよりなどの情報誌を見てはいかがでしょう。市民であれば誰でも参加・応募できるイベントのお知らせが掲載されています。地域のイベントへの参加は、家庭や学校や職場以外の居場所づくり・仲間づくりにもつながります。自分が住んでいる市区町村と姉妹都市との交流イベントもありますので、もしかすると自分の「好き」は海外にあることの発見につながるかもしれません。自分はどんなイベントに興味をそそられるかをチェックして、「自分でよく見てよく聞いてよく動くこと」で「好き」を見つけてみましょう。

それでも「好き」をイメージできない場合は「好きな人」を見つける場合で考えてみてはいかがでしょうか。みなさんも経験があると思いますが、何も見ず何も聞かずどこにも行かないとしたら、「好きな人」は見つからないでしょう。

ここまでいろいろな方法で、自分の「ぶどう」の探し方を紹介しました。この他、様々な方法があると思います。紹介した方法をヒントにして、自分に合ったやり方でいろいろと試してみて、ぜひ自分の「ぶどう」を見つけてみてください。みなさんが充実した人生を過ごすうえで少しでもお役に立てれば幸いです。

おわりに

本書では偶然性の具体的な例として、親ガチャで悩む人々が幸福になることをあきらめないための理論と実践方法を、哲学的な観点を軸にお伝えしてきました。

第2章で登場した8人にはどのような可能性があるでしょうか？　あの8人に本書を読んでもらう状況を想像してみましょう。第3章では「ぶどう」をあきらめないことの大切さに共感してもらえたら大成功です。

第4章では「ぶどう」をあきらめないための社会のあり方にも共感してもらいたいです。この章は少し難しかったかもしれませんが、自分以外の他者にも「ぶどう」が行きわたる世の中をよいものとして実感できる下地になればと思います。第5章で示した実践方法を試してもらえたら、きっとあの8人は自分の「ぶどう」を見つけて、それを手に入れられるようになると信じています。

そして、あの８人以外にも、そしてより過酷な状況に悩む人々にも、本書が「ぶどう」をあきらめないきっかけにつながることを願っています。自分と他者の人生について想像し、思いをめぐらすことを、どうか忘れないでいただけたらと思います。

神島裕子

私は現在、発達上の課題をもった、困っている人たちの理解と具体的支援をテーマとして、認知機能に着目したトレーニングである「コグトレ」を開発して、その普及活動を行っているところですが、そこに加えて何らかの心理的な支援のヒントがないかを常日頃から考えていました。

とある機会に、哲学を専門にされている共著者の神島先生から、「ケイパビリティ」という概念があることを教えていただきました。ケイパビリティを潜在能力と訳すと、本人のもつ潜在能力を少しでも引き出すという考え方は、まさにコグトレといったトレーニングで困っている人たちの力を少しでも強めていくという考え方にも共通する概念です。直接的な方法でなく、考え方や生き方といった側面から本人の可能性を広げていく点は、まさにコグトレの動機づけに当たる部分かと思います。そういった背景からケイパビリティを高めていくなんらかの書籍作りができないかと考えていたところ、『マンガコグトレ入門』（小学館）の制作をともに行っていた小学館の編集者の方々にお話しする中で興味をもっていただき、本書刊行の運びとなりました。

そこから共著者の神島先生とともに本書の原稿作成に着手したわけですが、当初から通して留意したことは、難しい概念の後に単に「こうすべきだ」だけで終わる理論本にならないことでした。ですので、最初が肝心です。第1章を対談形式にしてそれぞれの本音の部分を口語調で紹介しました。ここを読んでいただくと全体を概観できます。その後、本題に入っていくわけですが、やはりよりイメージしやすいように具体的なケースを挙げ、それに沿いながらケイパビリティを高めていく方法について、身近な例を用いながら解説するなどの工夫もなされています。

本書では哲学を〝難しいもの〟から、〝日常生活のヒントになるもの〟と捉えていただければと思います。なお、本書のタイトルに『逆境』とありますが、もちろんそうでない方にもご参考になる内容かと思います。最後になりましたが、本企画に最後まで忍耐強くお付き合いいただきました小学館の小林尚代編集長、対談部分をはじめ全体をうまく取りまとめていただきました浅原孝子様には心より感謝申し上げます。

宮口幸治

●ヌスバウムの〈人間の中心的ケイパビリティ〉のリスト

1. **生命**：通常の長さの人生の終局まで生きられること。早死にしたり、自らの生が衰退して生きるに値しなくなる前に死んだりしないこと。

2. **身体の健康**：健康であり得ること（これにはリプロダクティヴ・ヘルスが含まれる）。適切な栄養を摂取し得ること。適切な住居に住み得ること。

3. **身体の不可侵性**：場所から場所へと自由に移動できること。暴力的な攻撃から安全でありうること。これには性的暴力と家庭内暴力からの安全が含まれる。性的満足の機会と妊娠・出産の事柄における選択の機会とをもつこと。

4. **感覚・想像力・思考力**：感覚を用いることができること。想像し、思考し、論理的な判断を下すことができること。これらのことを「真に人間的な」仕方で、つまり適切な教育（これには識字能力と基礎的な数学的・科学的な訓練が含まれるが、これらだけに限定されるわけではない）によって情報づけられ、かつ涵養された仕方でなし得ること。自らが選択した宗教、文学、音楽などの作品やイベントを経験したり生み出したりすることに関連して想像力と思考力を働かせることができること。政治的発言および芸術的発言に関する表現の自由が保障された仕方で、また宗教的儀式の自由が保障された仕方で、自分の心（mind）を働かせることができること。楽しい経験をしたり無益な痛みを避けたりすることができること。

5．**感情**：自分たちの外部にある物や人々に対して愛情をもてること。私たちを愛しケアしてくれる人々を愛せること。そのような人々がいなくなることを嘆き悲しむことができること。自らの感情的発達が恐怖と不安によって妨げられないこと（このケイパビリティの支持は、諸々の感情の発達において非常に重要であることが示し得る、人間のつながりの諸々の形態を支援することを意味する）。

6．**実践理性**：善の構想を形成し、かつ自らの人生の計画について批判的に省察することができること（これは良心の自由と宗教的式典の保護を必然的に伴う）。

7．**連帯**：

A．他者とともにそして他者に向かって生きることができること。他の人間を認め、かつ彼らに対して関心をもち得ること。様々な形態の社会的交流に携わり得ること。他者の状況を想像することができること（このケイパビリティの保護は、こうした諸々の形態の関係性を構成し育む諸制度の保護と、集会および政治的発言の自由の保護とを意味する）。

B．自尊と屈辱を受けないことの社会的基盤をもつこと。他者と等しい尊厳のある存在者として扱われ得ること。このことは、人種、性別、性的指向、民族性、カースト、宗教、出身国による差別がないことの整備を必然的に伴う。

8．**他の種との共生**：動物、植物、自然界を気遣い、それらと関わって生きることができること。

9．**遊び**：笑うことができること。遊ぶことができること。レクリエーション活動を楽しむことができること。

10. **自分の環境のコントロール**:

A. **政治的なコントロール**…自分の生を律する政治的選択に実効的に参加しうること。政治的参加の権利と、言論の自由および結社の自由の保護とがあること。

B. **物質的なコントロール**…財産を維持することができること(土地と動産の双方において)。他者と平等な間柄で所有権をもつこと。他者と平等な間柄で職を探す権利があること。不当捜索および押収からの自由があること。仕事において、人間として働き、実践理性を行使し、かつ他の労働者との相互承認という意義のある関係性に入ることができること。

●補注

※1　アマルティア・セン：インドの経済学者（1933〜）。アメリカとイギリスで活動し、1998年に、厚生経済学への貢献を讃えられてノーベル経済学賞を受賞。

※2　ジョン・ロールズ：アメリカの道徳・政治哲学者（1921〜2002）。著書『正義論（*A Theory of justice*）』（1971）において、自由と平等のかねあいとしての社会正義の構想を試みて大きな反響を呼ぶ。

※3　時間選好：将来の消費・効用より現在の消費・効用を優先すること。

※4　フリードリヒ・W・ニーチェ：ドイツの哲学者（1844〜1900）。実存哲学の先駆者として知られる。

※5　コグトレ：宮口幸治らが開発した「コグニティブ（認知）機能」を高めるトレーニングのことで、身体面、学習面、社会面の3方面から包括的にトレーニングする特徴がある。

※6　『大辞泉』（小学館）の編集部が2016年にスタートさせた恒例企画。新しい言葉（新語）や今までにない新たな言葉の使い方（新語義）を一般から募集するオンライン参加型キャンペーン。

※7　ウェルビーイング：（well-being）人が心身ともに健康で、自己実現ができる環境が整っている状態。

※8　アイソーポス（イソップ）：古代ギリシャの寓話作家（紀元前6世紀頃）。日本では英語読みのイソップという名でイソップ寓話の作者として知られる。

※9　ラ・フォンテーヌ：フランスの詩人（1621～1695）。「すべての道はローマへ通ず」はラ・フォンテーヌが書いた『寓話』に由来する。
※10　ヤン・エルスター：ノルウェーの社会理論家、政治学者、哲学者（1940～）。
※11　バーナド・ウィリアムズ：イギリスの哲学者（1929～2003）。
※12　『大辞泉（第二版）』（小学館）より
※13　イマヌエル・カント：ドイツの哲学者（1724～1804）。ケーニヒスベルク大学の論理学・形而上学教授。『純粋理性批判』『実践理性批判』『判断力批判』の3批判書を発表。批判哲学を提唱。
※14　ジョン・S・ミル：イギリスの哲学者、経済学者（1806～1873）。功利主義者・自由主義者であり、古典派経済学の思想を体系化。
※15　自尊の社会的基盤：ロールズの用語。自尊（self-respect）は自己肯定感（self-esteem）とも言い換えられ、「自分自身に価値があるという感覚」や「自分の計画は成し遂げるに値するという感覚」とされている。ロールズは、自尊の重要性を踏まえて、互いの人生の歩き方が尊重されるような環境づくりを、社会的課題とした。
※16　カール・マルクス：ドイツの哲学者（1818～1883）。経済学者、革命家でもあり、社会運動および労働運動に強い影響を与えた。
※17　マーサ・C・ヌスバウム：アメリカの哲学者（1947～）。国連大学世界開発経済研究所（UNU-WIDER）

でリサーチ・アドバイザーを務め、センと並んでケイパビリティ・アプローチを発展させてきたことでも知られる。２０１６年、思想・芸術部門で京都賞を受賞。

※18　権原：あらゆる子どもには大人になるための健やかな成長へ向けた何らかの権利資格があるという考えが広まっている。ここで想定されている権利資格が権原（entitlement）である。権原は、政府の法律や方針とは関わりなく、当該主体が有していると考えられる権利資格を指す。

※19　ジョン・キーツ：イギリスの詩人（１７９５～１８２１）。バイロン、シェリーとともにロマン派を代表する。

※20　Elaine Unterhalter, "Negative capability? Measuring the unmeasurable in education," *Comparative Education*, 53:1 (2017) より。

※21　ウィルフレッド・R・ビオン：イギリスの医学者（１８９７～１９７９）。精神科医、精神分析家。イギリスの代表的な精神分析家の一人。

※22　ドナルド・W・ウィニコット：イギリスの小児科医、精神科医、精神分析家（１８９６～１９７１）。移行対象を提唱。

※23　バイアス：偏りがかかること。将来よりも現在の消費・効用に比重が置かれていることを「現在バイアス」と言う。

●参考文献

イソップ『イソップ寓話集』中務哲郎訳、岩波文庫、1999

ラ・フォンテーヌ『寓話』(上)今野一雄訳、岩波文庫、1972

ヤン・エルスター『酸っぱい葡萄　合理性の転覆について』玉出慎太郎訳、勁草書房、2018

バーナド・ウィリアムズ『生き方について哲学は何が言えるか』森際康友・下川潔訳、ちくま学芸文庫、2020

ニーチェ『善悪の彼岸　道徳の系譜』(ニーチェ全集)信太正三訳、ちくま学芸文庫、1993

フリードリヒ・ニーチェ『ツァラトゥストラかく語りき』佐々木中訳、河出文庫、2015

丸山真男『「文明論之概略」を読む』(上)岩波新書、1986

福澤諭吉『現代語訳　学問のすすめ』齋藤孝訳、ちくま新書、2009

カント『道徳形而上学の基礎づけ』中山元訳、光文社古典新訳文庫、2012

ミル『自由論』斉藤悦則訳、光文社古典新訳文庫、2012

アリストテレス『ニコマコス倫理学』朴一功訳、京都大学学術出版会、2002

ジョン・ロールズ「原爆投下はなぜ不正なのか?(ヒロシマから50年)」川本隆史訳『世界』619号、岩波書店、1996

ジョン・ロールズ『正義論　改訂版』川本隆史・福間聡・神島裕子訳、紀伊國屋書店、２０１０
マイケル・イグナティエフ『ニーズ・オブ・ストレンジャーズ』添谷育志・金田耕一訳、風行社、１９９９
アマルティア・セン「何の平等か？」『合理的な愚か者』大庭健・川本隆史訳、勁草書房、１９８９
アマルティア・セン「潜在能力と福祉」マーサ・ヌスバウム／アマルティア・セン編著『クオリティー・オブ・ライフ　豊かさの本質とは』竹友安彦監修・水谷めぐみ訳、里文出版、２００６
マーサ・C・ヌスバウム『正義のフロンティア』神島裕子訳、法政大学出版局、２０１２
Martha C. Nussbaum, *Creating Capabilities: The Human Development Approach*, Harvard University Press, 2011
マーサ・C・ヌスバウム『経済成長がすべてか？　デモクラシーが人文学を必要とする理由』小沢自然・小野正嗣訳、岩波書店、２０１３
アマルティア・セン『不平等の再検討　潜在能力と自由』池本幸生・野上裕生・佐藤仁訳、岩波書店、１９９９年.
帚木蓬生『ネガティブ・ケイパビリティ　答えの出ない事態に耐える力』朝日新聞出版、２０１７
J‐P・サルトル『実存主義とは何か』（増補新装版）伊吹武彦他訳、人文書院、１９９６

宮口幸治［みやぐち・こうじ］

立命館大学教授　一般社団法人日本COG-TR学会代表理事

京都大学工学部を卒業。会社勤務後、神戸大学医学部を卒業。精神科病院、医療少年院勤務を経て、2016年より現職。医学博士、子どものこころ専門医、日本精神神経学会精神科専門医、臨床心理士。著書『ケーキの切れない非行少年たち』（新潮新書）が大ベストセラーになる。

神島裕子［かみしま・ゆうこ］

立命館大学教授

博士（学術、東京大学大学院総合文化研究科）。早稲田大学国際教養学部、中央大学商学部を経て現職。専門分野は哲学・倫理学。著書に『正義とは何か―現代政治哲学の6つの視点』（中公新書）、共訳書にジョン・ロールズ『正義論 改訂版』（紀伊國屋書店）他。

撮影：北村瑞斗　校正：麦秋アートセンター
構成：浅原孝子　編集：小林尚代

逆境に克つ力
親ガチャを乗り越える哲学

二〇二三年　四月五日　初版第一刷発行

著者　宮口幸治　神島裕子
発行人　杉本 隆
発行所　株式会社小学館
〒一〇一-八〇〇一　東京都千代田区一ツ橋二ノ三ノ一
電話　編集：〇三-三二三〇-五五四九
販売：〇三-五二八一-三五五五
印刷・製本　中央精版印刷株式会社

Printed in Japan ISBN978-4-09-825446-0